Hommage très respectueux
Fr. Molard

MINISTÈRE
DE L'INSTRUCTION PUBLIQUE ET DES BEAUX-ARTS

BULLETIN
HISTORIQUE ET PHILOLOGIQUE
DU
COMITÉ DES TRAVAUX HISTORIQUES
ET SCIENTIFIQUES

FRANCIS MOLARD

—

DE L'ESCLAVAGE ET DU SERV.

EN CORSE AU XIIIe SIÈCLE

PARIS
ERNEST LEROUX, ÉDITEUR
28, RUE BONAPARTE, 28

MDCCCLXXXIX

II

De l'esclavage et du servage en Corse au XIIIe siècle.

(Communication de M. Francis Molard, archiviste du département de l'Yonne.)

Pierre Cyrnée, dans le livre premier de sa curieuse chronique, dit : « *Universi Corsi liberi sunt, et propriis vivunt legibus.* » Ce fait, qui était vrai au temps de l'historien, c'est-à-dire à la fin du XVe siècle, ne l'était pas dans l'antiquité, car Diodore de Sicile et Strabon parlent, le premier fort en bien, le second très en mal des esclaves tirés de la Corse[1]. Il l'était encore moins au XIIe siècle, où nous avons des preuves de l'existence du servage en Corse, même de l'esclavage pur et simple, puisque des insulaires des deux sexes étaient vendus sur les marchés de Pise, ou donnés par libéralité, comme aux plus beaux jours de l'antiquité grecque ou romaine. C'est ce que nous allons établir sommairement au moyen de documents tirés des archives de Pise et de la Chartreuse de Calci.

Voici l'analyse de quelques titres qui ne laisseront aucun doute à cet égard :

Aux archives de la province de Pise, dans le fonds de San Lorenzo alla Rivolta, on trouve la pièce dont voici la cote : Uberto, fils de feu Uberto, donne à Sigerio, fils de.... (le nom est détruit).... une serve corse du nom de Berta, avec tout ce qui dépend d'elle, « *cum inferioribus et superioribus suis, seu cum accessionibus et ingressionibus* ». — « Il s'agit ici de sa postérité et de son avoir ». — Ledit Uberto reçoit en compensation un anneau d'or. Fait à Morosaglia, le 29 mai 1102. — Terolfo, notaire.

Dans le fonds de San Michele in Borgo : Ugo, fils de feu Azzo, vend à Bella, fille de feu Belluccio, et à Leone, fils de feu Ranieri, une serve du nom de Bellula, originaire de l'île de Corse, pour un anneau d'or de la valeur de 40 sous. Fait à Pise, le 6 mai 1114, indiction VI. — Ildebrando, notaire.

Dans le fonds des Olivetani, Girardo, surnommé de Bondo, fils de feu Bernardo, vend à Pisano, fils de feu Lanfranco, une de ses esclaves, se nommant Nera, originaire de l'île de Corse, pour prix de laquelle il reçoit un anneau d'or de la valeur de 60 sous. Fait à Pise, près de la porte d'or, le 7 avril 1152, indiction XIV. — Marino Guigni, de Bonifazio, notaire.

Dans le dépôt du Chapitre de Pise, Janni di Abbadia, fils de feu Janni, vend à Guido, fils de feu Guido, une esclave de l'île de Corse, du nom de Sizula, pour le prix de 67 sous. Fait à Pise, le 5 août 1156.

[1] V. Diodore de Sicile, l. V, § 13; Strabon, l. V, § 7.

Dans le *Regio acquisto Coletti*, collection particulière acquise par l'État italien peu avant mon arrivée à Pise, il y a aussi une vente d'esclave corse, et l'on voit un Guido, fils de feu Gianni, de Nebbio (Corse), vendre à Raffaione, fils de feu Giovanni, maître maçon, une esclave corse du nom de Bonissuola, pour le prix de 22 sous. Fait à Pise, en Chinzica [1], le 12 septembre 1156, indiction III. — GUIDO, notaire.

Enfin, dans une collection particulière, dite *Archivio Roncioni*, Alberto, fils de feu Alberto, et Vanni, fils de feu Merto, vendent à Sergio, fils de feu Leone, un esclave mâle du nom de Jannello, originaire de l'île de Corse, pour le prix d'un anneau d'or évalué 35 sous. Fait à Vada, près de la mer, le 1er mai 1158, indiction XII. — SER BONACCORSO, notaire.

Si nous passons ensuite aux archives des monastères des SS. Vito et Gorgonio, dont une partie se trouve à Ajaccio, et l'autre à la Chartreuse de Pise, nous trouvons également que Rustico, fils de feu Pastano, donne pour cause de noces (*morgengabe*) [2], à sa femme, Gemma, fille de feu Gerardo, la moitié de tous les biens qu'il possède, ou pourra acquérir par la suite. Il déclare avoir reçu d'elle, en dot, un anneau d'or, 120 sous de bons deniers pisans, *une esclave corse du nom de Bertuccia*, et un trousseau de la valeur de 134 sous pisans. Fait à Pise, dans la maison du donateur... Fin du XIIe siècle. — BERNARDO, notaire.

Tous ces documents nous ayant passé sous les yeux, nous pouvons certifier qu'ils sont originaux et authentiques [3]. Il nous paraît donc naturel d'en conclure qu'au moins au XIIe siècle, car nous n'avons trouvé à ce sujet aucun document, ni avant, ni après, l'esclavage pur et simple existait bien en Corse pour les deux sexes, puisque des Corses mâles et femelles étaient vendus à Pise librement, et par devant notaire, comme plus tard on faisait commerce de prisonniers turcs et tartares dans tous les ports de la Méditerranée. Quant au servage vers la même époque, il est impossible d'en révoquer en doute l'existence. En effet, le premier acte que nous avons cité signale la vente d'une serve corse, du nom de Berta, à Morosaglia, en Corse. De plus, voici une charte d'affranchissement, découverte aux archives de la Chartreuse de Pise, et qui est, croyons-nous, à peu près unique parmi les rares documents du Moyen-Age que l'on a pu conserver sur l'île dont il est ici question. Ansaldo de Vellia, en Balagne, ayant été maintenu, par jugement des prud'hommes du lieu, en possession d'une serve, du nom d'Alperga, et de sa postérité, que lui disputaient Barulfo Scacci de Vallerustia et son fils Albert, l'affranchit après que Montone, fils aîné de ladite Alperga, a payé 3 livres de Lucques au susdit Albert, du consentement de ses deux frères et de toute leur famille. Ledit Montone devient le vassal d'Ansaldo, mais deux de ses

[1] Chinzica, quartier marchand de Pise. Nom d'origine arabe.

[2] Genre de donation très usitée en Toscane sous le nom de *morgincap*. Voir Fischer : *Histoire du droit en Toscane*. Innsprück, 1873.

[3] V. *Archives des Missions scientifiques*, 3e série, t. II, p. 147 et suiv.

frères, Calafo et Francolo, restent serfs momentanément. L'affranchissement, compliqué d'un procès, est accompagné de formalités curieuses, que nous nous abstiendrons de résumer ici, puisque nous donnons le texte entier de la charte. Ce document s'est trouvé par méprise inséré dans le chartrier de la Chartreuse de Calci, car sur le dos on lit, en caractères cursifs du xve siècle : « *Non pertinet monasterio* ». L'acte est dans un parfait état de conservation ; l'écriture en est fort belle et se rapproche de celle des diplômes pisans rédigés dans les dernières années du xie siècle. On remarquera sans doute l'apparition du *Gastalde Anselme ;* cette dénomination, qui existe encore aujourd'hui en Toscane, prouve que l'influence de cette région de l'Italie était alors prépondérante dans le nord de la Corse. La Toscane, chose singulière, a peut-être été, plus que toute autre contrée de la péninsule, imprégnée de l'influence germanique et lombarde. Le *morgengabe, morgincap*, y a été d'usage commun jusqu'au xive siècle. Et il est resté dans la prononciation du dialecte toscan des traces très accentuées de germanisme.

N. B. — Les actes reproduits ou analysés ici, sont tous datés suivant l'ère pisane. — Quant aux localités indiquées dans l'acte, elles existent encore aujourd'hui, sauf Vellia, qui est détruit.

Liberatio ancille cujusdam, nomine Alperga (29 novembre 1155, style pisan, 1154, style vulgaire, indiction VIII [1].)

Exemplar. In nomine domini nostri, Jeshu Christi, Dei Eterni, anno ab incarnatione eius, millesimo centesimo quinquagesimo quinto, indictione octava, tertio kalendas decembris. Breve tam pro modernis, quam futuris temporibus, ad memoriam habendam vel retinendam, sicuti venit Ansaldus de Vuellia in Balagna, in loco qui dicitur, in Castro dortifusci, et, erat ibi Barulfus Scaccius de Vellerustia, et requirit ad supradictus Ansaldus unam feminam, nomine Alpergam, quam illi dedit Ausufredus de Pinu. Tunc miserunt plaitum de ipsam feminam, ante bonos homines qui ibidem erant, ut si, ipse Barulfus revincisset ipsam feminam, quod Ansaldus debebat illi dare tres libras denariorum Lucenses, et si Ansaldus illam revincisset et heredibus, quod ille Barulfus, nil habere debebat. Super hoc, Barulfus fuit mortuus ; venit filius eius Albertus, et requirit ipsum plaitum de ipsam feminam, et de suis heredibus. Tunc dixit Ansaldus : « Volo tibi dare tres libras sicuti conveni cum tuo patre ». Tunc ille dixit : « Meus pater vobiscum non convenit nisi de illa femina, nomine Alperga, de la rede, tibi non finivit ». Tunc fuerunt ante consulibus et bonos homines qui ibidem erant, et juravit Ansaldus supra Sancte Evangelia, quod « Ego cum tuo patre sic conveni, et finivit mihi Alpergam eum totam suam heredem. » Tunc fuerunt convenuti quod ille Albertus debebat recipere istas tres libras, in testimonium de Baldicione de Rustinu, et de Guidus quondam Arnaldi, et de Anselmus Castaldus Vuellie, et aliorum bonorum hominum, et constituerunt ut ipse Albertus, filius Barulfi,

[1] C'est une copie de l'époque.

venisset capite Corsi, recipiendi ipsum habere. Et venit ipse cum suis sociis et amicis capite Corsi. [Actum ad Petra Corbaria in loco Allornetu], per ipsum habere ad recipiendum. Et fuit ibi Ansaldus, sicuti convenutum erat cum illo ; et fuerunt *ipse et ipse ante* bonos homines qui ibidem erant. Et dixit Ansaldus ad ipse Albertus, filius Barulfi : « Hecce habere hic est, set volo ut tu des mihi manlevatores, quod de ipsa femina, nec de suis heredibus, requirere nec molestare, deinceps in antea, neque tu, nec tuis heredibus, neque nullam personam, ex tua parte, non debeas. » Et ita fecit in pena de centum libras, et tales manlevatores illi dedit, videlicet : Guilielmus, filius Bruni da Rustinu et Johannes, filius Johannis de Zabuni, de Atti, et talem guadiam illi dedit, ad Ansaldus, et illi nominati receperunt. Hoc fuit in testimonium Guidi, quondam Arnaldi, et Ansaldus, Castaldus Vuellie, et Anselmus da Lucagnanu, et Ingu da Mursiglia, et Baldicione da Maleta, et Gunderadi Vuellie. Et in ipso loco fuit Montone, filius ipse Alperge, et dedit ipse tres libras denariorum Lucensis monete, in manibus Alberti, filius Barulfi, de suum proprium habere, pro se et suis fratribus et sororibus, et nepotibus. Et ita finivit ipse Albertus, filius Alberti, ipsam feminam, supradictum Alpergam, cum tota sua herede, in manibus Ansaldi Vuellie. Postea venit Ansaldus, cum suis fratribus, videlicet Gunderadus et Johannes [actum ad ecclesiam Sancti Nicholai, a Tuminu], ante bonos homines ; qui ibidem fecerunt finem et stabilitatem, pro se et suis uxoribus, et filiis, et filiabus illorum, in manibus Montoni, filius supradicte Alperge, ut fuissent liberi et franchi absque iugo servitutis, ubicumque ambulare vel habitare voluissent, ista supradicta Alperga, cum totam suam heredem, cum filiis et filiabus illorum qui modo nati sunt, vel procreati esse debent, quia nos, neque heredibus nostris, vobis neque heredibus vestris, molestare nec intentionare non debemus, extra Calafu et Franculu, qui aput nos remanent, et ad hoc quod Montone et suis heredibus, si tales fuissent, debent esse nostri vassalli, sine alium feum ; aliud nobis facere non debent ; nec aliud illis requirere non debemus. Hoc fuit per iudicium Anselmi Castaldi Vuellie. Et talem potestatem dederunt Gualandi sacerdoti, Aurilianensis notarius, istam Cartam scribendi. De hoc fuit testes : supradictus Castaldus, et Albertus, presbitero Sancti Nicholai, et Albertus, filius Baldi Vuellie, et Albertus de Tuminu, et Petrus de Pinellu, Ugo de Asia, et Ubertus de Aquafridda, Ubertus de Verignanu, Guidas, filius Pandulfi, Raimundus de Asia. Isti testes fuerunt, et alii plures ibi fuerunt.

ANGERS, IMP. A. BURDIN ET Cie, 4, RUE GARNIER

ANGERS, IMPRIMERIE BURDIN ET Cie, RUE GARNIER, 4.

DE LA

CAPACITÉ CIVILE

DES LÉPREUX

PAR

M. Francis MOLARD

Extrait du *Bulletin de la Société des Sciences historiques et naturelles de l'Yonne*, 2me semestre 1888.

AUXERRE

IMPRIMERIE ET LITHOGRAPHIE DE GEORGES ROUILLÉ

1889

à Monsieur Léopold [illegible]

Hommage très respectueux

de l'auteur

Francis Molard

DE LA CAPACITÉ CIVILE DES LÉPREUX

Par M. Francis MOLARD.

Le but de ce petit travail et de la réunion de documents qui l'accompagnent, est de prouver qu'au Moyen-Age, bien qu'on ait pu prendre contre eux, au point de vue de la salubrité publique, des précautions dont l'importance a été d'ailleurs un peu exagérée par les ritualistes et les jurisconsultes du XVIe et du XVIIe siècles, les lépreux, aux plus mauvais jours de leur histoire, n'ont jamais été frappés de mort civile, c'est-à-dire de l'incapacité de jouir et de disposer. Je ne parle, bien entendu, que du département de l'Yonne et des pays qui ont formé les diocèses de Sens et d'Auxerre. Mais il est infiniment présumable que s'il en a été ainsi dans les régions dont je viens de parler, les conclusions que je présente peuvent être, sans trop d'erreur, étendues à tous les pays de France, et même à toutes les contrées étrangères.

La mort civile, imitée de l'excommunication majeure aux siècles les plus sombres du Moyen-Age, est une peine qui a son origine directe dans l'interdiction du feu et de l'eau, usitée contre certains proscrits sous l'ancienne Rome. Elle s'est conservée jusqu'à nos jours, en partie du moins, dans notre Code civil, des articles 22 à 34, aujourd'hui abrogés. Et tous ceux qui ont fait leur droit il y a quelque trente ans, les ont étudiés et commentés. Les conséquences étaient terribles. En voici les principales : L'homme atteint par la mort civile, perd la propriété de tous ses biens. Sa succession est ouverte au profit de ses héritiers, de la même manière que s'il était mort naturellement. Il ne peut plus recueillir ni transmettre les biens qu'il a acquis par la suite. Il ne peut disposer de ses biens, en tout ou en partie, ni par donation ou testament, ni autrement, ni recevoir à ce titre, sinon pour aliment. Au cas où sa succession n'est pas réclamée, on lui nomme un tuteur. Il ne peut être nommé tuteur lui-même, ni concourir aux opérations relatives à la tutelle. Il ne peut être témoin dans un acte authentique et solennel, ni être admis à porter témoignage en justice. Il ne peut ester en quelque juridiction que ce soit, ni en défendant, ni en demandant, que sous le nom, et par le ministère d'un curateur spécial, qui lui est nommé par le tribunal où l'action est engagée. Il est incapable de contracter un mariage qui produise aucun effet civil. Le mariage qu'il avait contracté est dissous quant à ses effets civils. Son conjoint et les héritiers peuvent exercer respectivement les actions et les droits auxquels donneraient lieu sa mort naturelle. Telles sont les principales conséquences de la mort civile.

En était-il de même pour les lépreux? — Ces misérables, qui à coup sûr étaient des malheureux, mais non des criminels, ne pouvaient-ils ni tester, ni contracter, ni témoigner? — Étaient-ils en somme plus mal traités que bien des suppliciés, même au Moyen-Age? — Au premier abord il semble bien que oui.

Ouvrez le Code de Rotharis et les Décrétales grégoriennes, parcourez les actes des conciles du VIe au VIIIe siècle, le capitulaire de Pépin (747), feuilletez l'*Officium curatorum diocesium claromontensis et Sancti Flori*, les Statuts de l'église de Toul, le rituel de Pellevé, cardinal et archevêque de Sens, vous y trouverez pour le lépreux une situation terrifiante. Cette situation a été exploitée par les littérateurs, et mon illustre compatriote, De Maistre, en a tiré un chef-d'œuvre : *Le Lépreux de la cité d'Aoste*. Les jurisconsultes eux-mêmes, tout en accordant parfois aux malades l'usufruit de leurs biens, les condamnent en masse à la mort civile. *Leprosi excluduntur ab hominibus quasi mortui*, disaient-ils. C'est l'opinion émise par Denisard dans sa collection de jurisprudence par ordre alphabétique, article Lèpre. Les jurisconsultes, dit Jourdan, sont d'accord sur ce point que les lépreux ne pouvaient *ni tester*, *ni hériter*, *ni disposer d'une façon quelconque*, *ni contracter le moindre engagement valable*. Ils déclaraient leur mariage dissous. Et l'on trouve des traces de ces erreurs jusque dans le Traité de police de Delamarre. Défunt notre regretté président, M. Challe lui-même, paraît être tombé dans le même piège. Je lis, en effet, dans le 34e volume de notre Bulletin, page 352 (il s'agit de la Léproserie de Sainte-Marguerite) : « Le lépreux était comme mort civilement, toute action en justice lui était interdite, et l'on nommait un tuteur à ses biens. Après sa mort, la Léproserie héritait de ses biens meubles. »

La question, notez-le bien, n'a pas qu'un intérêt rétrospectif, puisque suivant, le *Magasin pittoresque* (t. XLIV, p. 67, 1876), il y aurait encore 93,231 lépreux en Europe. La *Revue de la science des religions*, de M. A. Réville, signale des lépreux en Suisse. Les lépreux sont, en Norwège, en très grand nombre ; on les soigne en trois grands hôpitaux spéciaux, dont un à Drontheim. Et l'un de mes amis, M. Storm, professeur à l'Université de Christiania, m'a promis des renseignements à leur égard.

Heureusement pour ces malheureux, la réalité a été bien loin du roman, et si, comme je l'ai dit, on prenait contre eux des précautions pour cause de salubrité, précautions exagérées par des rituels, imprimés et rédigés d'ailleurs à une époque relativement récente, les lépreux n'en étaient pas moins aussi vivants, au point de vue civil, que les personnes les plus saines.

Pour le prouver, j'ai fait choix, dans les archives de l'Yonne, d'une dizaine de textes authentiques, allant du XIe siècle au commencement du XVIe. Voici d'abord un acte de la fin du XIe siècle, non daté, mais se rapportant à cette époque par l'écriture, tiré du fonds de la Léproserie de Pontfraut, par lequel une certaine Agnès, femme de Thiesselin Chausselâche, donne aux lépreux deux arpents de pré. De nombreux témoins assistent à l'acte. Et parmi ceux qui représentent les donataires, je remarque un Bertrand de La Porte, *infirmus*, c'est-à-dire lépreux. Les lépreux pouvaient être témoins.

Le second document, tiré du même fonds, et non moins intéressant, est une bulle du pape Urbain III, datée de 1186, et adressée à ses fils lépreux, qui mènent la vie commune à Pontfraut. Après leur avoir déclaré qu'ils sont d'autant plus intéressants à ses yeux qu'ils sont plus affligés par la visitation divine, il les exempte de la dîme des novales défrichées par leurs propres mains, et de celle des troupeaux qu'ils ont eux-mêmes élevés. Je remarque que le Souverain Pontife s'adresse, non au maître de la Léproserie, mais à ses fils lépreux, qu'il les traite non en parias, mais en religieux, puisqu'il leur accorde des privilèges spécialement réservés à ceux-ci.

Je remarque aussi que les lépreux se livraient eux-mêmes à des occupations pastorales et agricoles, et, très certainement, aux opérations de commerce qui en étaient la suite naturelle. Tout cela est incompatible avec la mort civile.

Le troisième document vient également de Pontfraut. Il est daté de 1232. Dans cet acte, on relève que Martin Aunarz, recteur de ladite léproserie, et tous ses frères et sœurs, tant sains que malades, assignent une rente de 12 sous parisis pour fonder l'anniversaire de leur chapelain, et règlent minutieusement l'emploi de cette somme. Les lépreux, comme on le voit, tout aussi bien que les moines, participaient directement aux affaires de leur maison et n'avaient aucunement besoin de tuteur et d'intermédiaires.

Le quatrième titre est tiré du fonds de l'archevêché de Sens (G. 198). Il contient la comparution par devant l'official, d'Étienne de Bessy, lépreux, qui donne quatre arpents de terre à sa cousine Clémence pour l'aider à se marier. Ceci se passait en 1230, pas bien loin du temps où, selon le testament de Louis VIII, il y avait deux mille léproseries dans le royaume de France, bien moins grand que la France actuelle. Et l'on prétend que les lépreux n'avaient pas le droit de contracter!

Voici maintenant un autre acte encore plus curieux. Il est tiré aussi de Pontfraut, le plus beau fonds de léproserie des Archives de l'Yonne, et peut-être de France. Nicolas, doyen du Gâtinais, nous fait savoir qu'il a vu comparaître par devant lui un certain Alexandre, dit Archupias, qui était entretenu à la léproserie de Ponfraut, à la demande du comte d'Artois. Cet homme renonce à toute réclamation vis-à-vis de ladite léproserie, moyennant pension annuelle de 20 sous parisis, payable lors des foires de Pontfraut. Et si ledit Alexandre ne peut venir, il enverra une personne de confiance, munie de son certificat de vie, pour recevoir l'argent. La chose se passe en 1248, et le comte d'Artois, dont il est ici question, est Robert Ier, second fils de Louis VIII et de Blanche de Castille. Je pense qu'il s'agit ici d'un lépreux et ne fais pas de commentaires. Mais, s'il ne s'agit pas d'un lépreux, comment soutenir alors la contagion de la lèpre qui peut seule avoir servi de prétexte à la déchéance des droits civils?

J'arrive maintenant au XVIe siècle. Dans les minutes de notaire, si patiemment colligées par mon prédécesseur, M. Quantin, je trouve (E. 481), à la date du 28 mars 1513, qu'un nommé Germain Laurault, malade de lèpre, demeurant à la maladrerie de Saint-Siméon d'Auxerre, comparaît avec sa femme, Jeanne Ménage, et qu'ils contractent entre eux communauté de biens. Voilà un mariage qui ne me paraît pas près d'être dissous. Le même jour, les susdits mariés achètent une pièce de terre dans les environs d'Auxerre.

Le 21 juin 1521, les représentants du Chapitre d'Auxerre font une vente de biens à Guenin Lehourt, malade de lèpre et demeurant à Lindry. Il s'agit des biens de sa femme, dévolus au Chapitre par écheoîte (E. 481).

Enfin, on peut signaler (toujours dans E. 481), à la date du 5 décembre 1547, un échange conclu entre Mathieu Comtesse, voiturier par eau, et Pierre Guiscard, malade de lèpre, demeurant à la léproserie d'Auxerre.

Pour terminer, et quant au mariage, les Decrétales grégoriennes en accordent la pleine et entière faculté au lépreux, pourvu bien entendu, qu'il trouve une femme qui veuille bien de lui. Toutefois, il faut l'avouer, cette question du mariage des lépreux est assez confuse, car les autorités civiles et ecclésiastiques ont donné, sur ce point complexe, des solutions bien diverses, suivant les époques. En voici quelques exemples que j'emprunte à l'excellente monographie de la maladrerie de Voley du Docteur Ulysse Chevalier. L'an 754, le Pape Etienne II conclut en faveur de l'indissolubilité du mariage des lépreux. Mais, deux ans plus tard, le Concile de Compiègne annule l'union contractée par un lépreux, et laisse libre la partie saine de se remarier. Pépin-le-Bref, 757, et Charlemagne, 789, permirent également la séparation et la même faveur, sous condition pourtant du consentement réciproque. Mais, à partir du Pape Alexandre III, l'indissolubilité du mariage des lépreux paraît consacrée. Et Clément IV, en 1266, refusa au roi d'Aragon, dont l'épouse était devenue lépreuse, l'autorisation de se marier. Au XVIe siècle, même avant, le mariage était parfaitement permis entre lépreux, et je relève, dans la notice historique sur la Maladrerie de Voley de M. Ulysse Chevalier (p. 129), la notice suivante : 10 novembre 1555, mariage entre Claude Berthon, lépreux, d'une part, et Poncette Valenciane, native de la Baume d'Hoston, habitants en la Maladrerie de Voley, d'autre part, par lequel ils font donation mutuelle de leurs biens au dernier survivant. Reçu, Mathieu Armand, notaire. Cette Poncette Valenciane, qui avait déjà testé en 1540, était aussi lépreuse.

Quoiqu'il en soit, après les documents assez nombreux que j'ai analysés en ce petit travail, et dont je pourrais citer bien plus encore, je crois pouvoir, en toute justice de cause, conclure contre la mort civile des lépreux et dire qu'ils ont toujours joui de leurs droits, même au jour les plus sombres de leur histoire, c'est-à-dire aux XIIe et XIIIe siècles (1).

---

(1) La condition des lépreux commença à s'améliorer à partir de la seconde moitié du XIVe siècle, avec la décroissance de la maladie. En 1365, à Pontfraut, il n'y avait pas de lépreux. Aussi, les Chartes des XIIe et XIIIe siècles, qui prouvent la capacité civile des lépreux, ont-elles plus d'importance que les autres. Un des plus curieux testaments faits par une lépreuse se trouve aux archives de la fabrique de Saint-Florentin, c'est celui de Jeanne, femme de Denis Garnier, de Saint-Florentin, « *per vias ambulans, licet morbo lepre infecta* ».

Fin du XIe siècle. — Notum sit tam futuris quam presentibus qualenus Agnes, uxor Ecelini Calige laxe dedit infirmis de Ponteferaudi pro anima amaurici filii sui duos agripennos pratorum ante corileum, et ut donum istud esset firmissimum, advocavit hos testes ex sua parte ; Gaufridum Burlican, Raginardum, filium prefecti, Anselmum, filium Alberti et Bertrannum turcum. Ex parte infirmorum, affuerunt hi : Fulco Rainbauct, Petrus Cucullus, Herveus Torcardus et *Bertrannus de Porta, infirmus.* Dedit supradictis infirmis Adam porcus unum sextarium frumenti in unaquâque nativitate domini in molendino de Gemiliaco. Hoc concessit Tecelinus, frater eius. Vidit hoc Hericus Burlican et Gaufridus Burlican. (Fin du XIe siècle).

(Arch. de l'Yonne. — Fonds de la Léproserie de Pontfraut).

1186. — Urbanus, episcopus, servus servorum Dei, dilectis filiis leprosis Pontiferaudi, communem vitam ducentibus, salutem et apostolicam benedictionem. Quanto gravius estis Dei iusto iudicio flagellati, et verbere superne Visitacionis afflicti, tanto vobis attencius in necessitatibus vestris compatimur, et quod secundum deum possumur, suffragium impertimur. Quapropter dilecti in domino filii, vestris iustis postulacionibus annuentes, ad preces maxime karissimi filii nostri Philippi illustris Francorum regis, presenti scripto, vobis duximus indulgendum, ut de novalibus vestris que propriis manibus vel sumptibus colitis, vel de nutrimentis animalium vestrorum, nemini facultas pateat a vobis decimas extorquendi. Si quis autem contra hanc paginam nostre concessionis ausu temerario, venire presumpserit, indignacionem omnipotentis dei et sanctorum Petri et Pauli apostolorum se noverit incursurum. Datum Veronæ VII[o] idus octobris. — (1186).

(Arch. de l'Yonne. — Fonds de la Léproserie de Pontfraut).

1232. — Ego frater Martinus Aunarz, magister domûs leprosorum Pontisferaudi et omnes fratres et sorores eiusdem loci, tam sani quam infirmi, notum facimus universis presentes litteras inspecturis quod volumus et concedimus Willelmo capellano nostro, facere anniversarium suum singulis annis post obitum suum, de XII solidis parisiensium super ostisias de Coudreau, et super terras et vineas de brueriis, que emit idem capellanus, et in quibus habet medietatem. Ex quibus denariis presbiter loci illius habebit XII denarios, et Clericus VI, et VI denarii dividentur in pane pauperibus eadem die, et decem solidi dividentur fratribus et sororibus. Et ut hoc ratum et firmum sit, et a nobis et a successoribus nostris inviolabiliter teneatur, presentem paginam sigilli nostri munimine fecimus roborari. Actum anno domini, millesimo ducentesimo tricesimo secundo.

(Sceau pendant sur lacs de cuir blanc de la léproserie de Pontfraut. — cire verte.

(Arch. de l'Yonne. — Fonds de la Léproserie de Pontfraut).

1230. — Omnibus presentes litteras inspecturis, magister Michael Curie Senonensis officialis, in domino salutem. Noverunt universi, quod Stephanus filius defuncte Gile de Baissiaco, leprosus, coram mandato nostro, ad hoc audiendum a nobis specialiter destinato, recognovit se quandam peciam terre circiter quatuor arpenta [continentem] iuxta viam que ducit ad prata subtus Baissiacum site, que dicitur ad arpenta, prope culturam defuncti Norberti de Baissiaco, arpentum et dimidium cuius terre debent Guioto de Maello, Armigero, sex denarios censuales, et residuum movet ab ipso Stephano, sicut ipse dicit, Clemencie filie Galteri dicti armigeri, civis Senonensis, consanguinee sue, ad ipsam maritandam dedisse, promittens fide prestita coram dicto mandato nostro, quod per se vel per alios contra donum non veniet supradictum. Quod autem recognitum fuit ab eodem Stephano, coram eodem mandato nostro, ad peticionem ipsius Stephani, sine preiudicio alterius, sub sigillo Senonensis Curie testificamur. Actum anno gracie M° CC° tricesimo, sabbato ante festum sancti Petris ad Vincula.

(Arch. de l'Yonne. — G. 198).

1248. — (Universis) presentes litteras inspecturis, Nicholaus decanus Wastinensis, salutem in domino. Notum facimus quod in nostra presentia Alexander dictus Archupias qui in domo Pontisferaudi, ad preces et instantiam nobilis (viri N.), Comitis attrebatensis, habebat necessaria, dictam domum quitavit de omnibus, fide in manu nostra corporaliter (prestita), promictens quod in dicta domo, nichil de cetero reclamabit ultra viuginti solidos parisiensium, in quibus dicta domus (tenebitur) in Alexandro in nundinis Pontisferaudi annuatim quand iù vixerit. Si autem dictus Alexander pro dicta pecunia, (in dicto) termino recipienda, personaliter accedere non poterit, et continguat allium mittere, missus ab eo tenebitur (habere) litteras alicuius autentice persone, ut magister et fratres dicte domus, de vita ipsius Alexandri valeant esse certi. In cuius rei memoriam et testimonium presentes litteras ad petitionem dicti Alexandri, sigilli nostri munimine duximus roborandas. Actum anno domini M° CC° XL° octavo, mense decembri.

(Arch. de l'Yonne. — Fonds de la léproserie de Pontfraut).

N.-B. Le comte d'Artois était alors Robert Ier, second fils de Louis VIII et de Blanche de Castille.

1513. — Le 28e jour de mars mil cinq cens et XIII, comparurent en leurs personnes Germain Laurault, malade de lepre, demourant à la maladrerie de Saint-Siméon d'Aucerre d'une part, et Jehanne, fille de Jehan Menage, sa femme, d'autre part, lesquelles parties en la presence et du consentement de Jehan Laurault, Bernard Bouault et Marie Laurault, sa femme, de luy auctorizee, quant à ce, ont fait et firent ensemblement les traicties, accords et convensions qui s'ensuivent, c'est assavoir que lesdicts mariez, du consentement des dessus dicts héritiers du dict Germain Laurault, ont volu et consenty, veullent et consentent que tous et caschuns les biens tant meubles et immeubles, conquestz et propres qu'ils ont de présent et qui leur pourroit advenir et escheoir en quelque moment que soit durant leur dict mariage soient en communaulté entre eulx, et que le cas advenant que ledict Germain voise de vie à trespas avant ladicte Jehanne sa femme, qu'elle aura et prandra avant partage la moitié de tous les biens, tant meubles, immeubles, propres et conquestz qu'ilz seront au jour du trespas du dict Germain, et semblablement ledict Germain l'autre moitié des dicts biens au dict cas. Car ainsy et promectent, etc. Présents à ce, Maistre Jehan de Thou et Jehan Michau.

Ce dict jour Bernard Barault et sa dicte femme ont vendu et transporté à tousiours ausdicts Germain et à sa dicte femme deux denreez de terre, seant au finage d'Aucerre au lieu dict le Champ des Arènes, tenant d'une part à la plante de Jehan Dausson, d'autre part à la plante de Martin Buisson par dessous. Cette vente est faicte moyennant quatre livres tournois dont quittance. Promectent, etc. Présents les dessus dicts. — E. 481.

1521.— Le Xe jour de juin l'an mil V cens XXI furent presens en leurs personnes venerables et discrètes personnes Maistres Jehan Sautot, licencie es loix, doyen de l'église d'Aucerre, pour luy et a cause de son dict doyenne, Vincent Souef et Jehan Le Roy, chanoines de ladicte église d'Aucerre, eulx faisant fors pour Messieurs les venerables de Chappitre d'icelle église auxquelz ilz ont promis faire ratifier, ont cognu et confesse avoir vendu et transpourte des maintenant et à tousiours à Guenin le Hourt, malade de lepre, demourant à Laindry, acheteur à ce présent, pour luy et ses hoirs tous et un chascuns, les biens tant meubles qu'immeubles, demourez du deces et trespas de feue Jacqueline, en son vivant femme dudict Guenin le Hourt, acheteur et malade de lepre, ausdicts doyens, à cause de sa terre et justice dudict Laindry, sa part de la justice desdicts de Chappitre, et ausdicts de Chappitre advenus et escheuz à cause et par le trespas de ladicte deffuncte, laquelle seroit allee de vie à trespas au dict lieu de Laindry sans hoirs et leur seroient advenus lesdicts biens, comme haultz justiciers et par droit d'aubaine. Et d'iceulx biens se sont lesdits vénérables devestus et dessaisis et en ont revestu et saisy le dict Le Hourt et ses hoirs, à la charge de paier les debtes d'icelle deffuncte saucunes en sont deues, et aussi de paier, faire et accomplir le testament et ordonnance de dernière volunte de ladicte Jacqueline et en rendre indempne les dicts sieurs de Chappitre. Ceste vente faicte pour le prix et somme de huit escus d'or à la coronne dont ils se tiennent pour bien paies. Présens à ce, Jehan de Thou et messire Jehan Michel. — E. 481.

(En marge, enregistré au manuel).

1547. — Le cinquiesme jour de décembre l'an mil cinq cens quarante-sept, comparurent en leurs personnes Mathieu Contesse, voicturier par eaue demourant à Aucerre, d'une part, et Pierre Guiard, malade de lepre, demourant à la malladerie d'Aucerre, d'aultre part, lesquelles parties cognurent et confesserent avoir faict les echanges, cessions et transports qui sensuivent. C'est assavoir ledict Contesse avoir baille, cedde, délaisse et transporte des maintenant à tousiours en nom deschange audict Guiard pour luy, ses hoirs et ayans cause, une piece de vigne tenant deux arpens ou environ, la piece comme elle se comporte assise au finage d'Aucerre au lieu dict Beurlon, tenant d'une part à Maistre Jehan Botault, d'autre part a....., par dessuz a Pierre Boyer et par dessoubz a..... charge de son cens envers les religieuses abbesses de Nostre-Dame-lez-Sainct-Julien pour toutes charges. Pour et encontre eschanges ledit Guiard a baille et délaisse audict Contesse, pour luy, ses hoirs et ayans cause, la dixiesme partie dont les dix font le tout et tout aultre droict qu'il peult avoir et pretendre tant par les decez et trespas de feue Katherine Lenfant, son ayeulle que de feu Jehan Guiard, son frère, en une maison ainsi qu'elle se extend et comporte assise au bourg Sainct-Loup d'Aucerre devant fontaine Sainct-Germain, tenant d'une part et pardevant aux rues, d'aultre part à la vefve et hoirs Pierre Destaiz, et d'aultre part aux hoirs Jehan le Couche, chargee la totallite d'icelle maison de cinquante sols tournois de rente envers les religieulx, abbe et couvent de Sainct-Germain d'Aucerre pour toutes charges. Ce present eschange faict entre lesdictes parties but à but sans neulles faulstes. Si comme etc. promect garantir lune partie à l'aultre fors des charges dessus dictes. Obligeant, etc. Presens à ce Henry Botet, marchant demourant à Rouen et Jacques de Laudat, marchand voiturier par eaue demourant à Aucerre. — E. 481.

LES

DONNÉS ET LES DONNÉES

DANS LE DÉPARTEMENT DE L'YONNE

Par M. Fr. MOLARD.

EXTRAIT DU *Bulletin de la Société des Sciences de l'Yonne*,
2e SEMESTRE 1889.

AUXERRE

IMPRIMERIE ET LITHOGRAPHIE DE L. BONSANT

1889

LES DONNÉS ET LES DONNÉES

DANS LE DÉPARTEMENT DE L'YONNE

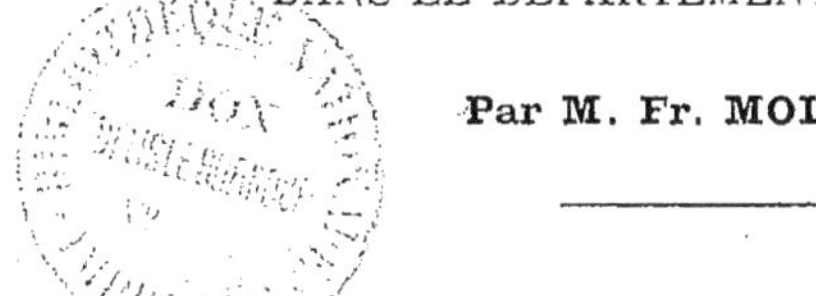

Par M. Fr. MOLARD.

Les donnés et les données, dont il s'agit ici, ne sont point ces enfants qui, offerts par leurs parents à un monastère dès l'âge le plus tendre, y étaient élevés, et y prononçaient ensuite des vœux éternels. Un chapitre de la règle de Saint-Benoît entre, à leur égard, dans les plus grands détails. Et le Chronicon Valliscense fournit même une formule pour leur consécration. Les donnés, dont il est ici question, sont tout autres.

On appelle dans le Centre de la France *donnés* et *rendus*, dans le Midi et en Italie *commis* et *oblats* (*commessi et oblati*), des personnes qui se donnent ou sont données, sous certaines conditions, à des autels, à des églises ou à des monastères. L'acte d'oblation se passe soit directement, c'est-à-dire entre ceux qui se donnent et ceux qui acceptent, soit indirectement, c'est-à-dire par l'intermédiaire des parents, des tuteurs, ou même du mari.

L'oblat apporte en général tout ou portion de ses biens à la maison où il doit entrer, pour subvenir aux frais de son entretien. Il fait un vœu général de continence, et un vœu spécial d'obéissance au supérieur, mais n'est pas, pour cela, lié très étroitement à la vie religieuse, dont il ne fait pas profession. La règle, d'ailleurs, ne le concerne point. Il obéit à des ordres particuliers et qui peuvent varier à chaque instant.

Se donner à un temple n'est point un acte d'origine absolument chrétienne. Les Devadassies de l'Inde, les dévoués de Bouddha, le nombreux personnel des deux sexes attaché dans l'antiquité aux sanctuaires d'Isis et au Sérapéum de Memphis, en sont l'indiscutable preuve. Mais, sans remonter aussi haut, nous pouvons rappeler que les archives de Pise contiennent de nombreuses chartes, où l'on voit des gens se donner, soit à la cathédrale, soit à des monastères. Nombre de personnes, en effet, désirant participer aux mérites acquis par ceux qui travaillaient pour la glorification de la Vierge, livraient, de leur vivant, tout ce qu'ils possédaient à l'œuvre du Dôme, avec l'approbation des anciens de la commune. Ils y étaient reçus, eux et leurs biens, avec un cérémonial spécial par le surintendant, portaient un habit monastique, et s'adonnaient à des pratiques religieuses, parmi lesquelles il faut comprendre les soins donnés à l'entretien de l'édifice, et aux menus détails du culte.

Il existait de même à Auxerre une confrérie placée sous le patronage de Saint-Etienne, ou peut-être de Saint-Alexandre ? et particulièrement destinée à la construction, l'achèvement et l'entretien de notre belle cathédrale. Elle avait pour chapelle privée celle qui est aujourd'hui consacrée à la Vierge. Malheureusement, ses archives ont péri, et à peine trouve-t-on sa trace dans les Gesta pontificaux.

Citons ici, pour les actes d'oblation, quelques exemples tirés des archives pisanes (1) : Aux ides de mars 1047, Goffredo Berlinzona, bourgeois de Pise, demeurant en la Kinzica, quartier marchand de la ville, donne, à son lit de mort, sa femme Tedalda avec une portion de ses biens au monastère des SS. Vito et Gorgonio. La *donnée* ratifie la volonté dernière de son mari, et promet chasteté, et pour le reste de ses jours, obéissance à l'abbé ou à son délégué.

En 1124, Guillaume, évêque de Nebbio, inconnu d'Ughelli, donne au même monastère son fils Baldino (*quem habuit in peccatis*), et comme il n'est pas assez fort pour supporter les austérités de la règle, il le dote de l'église de San Tommaso de Canari, dont le revenu sera employé à adoucir son sort.

En 1383, Rustichella, fille de feu Vivolo, d'Aleria, en Corse, demeurant à Pise, se fait oblate de l'œuvre de sainte Marie majeure, à laquelle elle offre tous ses biens dans les mains de Don Banduccio di Bonconte, surintendant de ladite œuvre, lui promettant obéissance et chasteté pour le reste de ses jours. Quelquefois, la donation se fait à un hôpital. En 1303, Alberto, dit Sardo, fils de feu Martino di Ugliastrella, de l'île de Corse, offre et donne sa personne et tous ses biens, à l'hôpital de la Miséricorde

(1) Ce document est conservé à la Chartreuse de Pise. Mais comme il n'y avait, lors de mon séjour, ni classement, ni inventaire, il m'est impossible de donner une autre indication.

de Pise, entre les mains de frère Henri, recteur dudit hôpital qui accepte avec l'autorisation de ses confrères.

Parfois, on se donnait soi et sa postérité, présente ou à venir, et les femmes, quand elles étaient de naissance noble ou libre, n'abandonnaient que le *mundium*, ou garde noble sur leurs personnes. C'est dans les chartes d'Heda, le cas de Bertha qui, vers le milieu du XIIe siècle, vient s'offrir à l'autel de saint Martin dans le monastère nouveau d'Utrecht. Elle avoue le saint pour son défenseur ou *mundualḋ*, mais déclare ne pas vouloir pour cela tomber en servitude, ni renoncer à son privilège d'*ingénuité*.

En signe d'hommage, elle et sa postérité paieront à toujours mais un cens annuel de deux deniers. Et pour avoir le droit de se marier, elle donnera une somme déterminée. C'est pour la *licentia nubendi*, c'est le droit de marquette que les filles nobles de Galles et d'Ecosse versaient à leurs souverains, afin d'en obtenir le droit d'entrer en ménage.

Les archives de l'Yonne contiennent, elles aussi, un grand nombre de chartes d'oblation. Parmi les plus intéressantes, il faut indiquer celles des *rendus*, c'est-à-dire de ceux qui allaient à la maladrerie de Saint-Florentin ou en d'autres pour soigner volontairement les lépreux. L'engagement n'était point éternel; chaque *rendu* apportait une dot pour le pain, la huche et le vivre de ladite maladrerie. A sa sortie, le *rendu* en laissait une certaine partie comme prix de son entretien. Et, parfois, ses anciens confrères lui donnaient à bail perpétuel une des propriétés de la maison. C'est le cas de Guillaume Despineux en 1321. D'autre part, le roi disposait de places gratuites, et Guillaume de Vaucharcis en profite en 1320 (1).

Quant aux chartes d'oblation ordinaires, la première en date est de 1252, et constate simplement la donation que fait au monastère de Pontigny de sa personne et de ses biens, le nommé Pierre Lebarbier. Vient ensuite une autre charte, tirée du fonds de Saint-Julien, par laquelle Guillemot Fornier et sa femme Agnès, demeurant à Charentenay, considérant qu'ils sont « viel, debrisié et encien », se donnent à cette abbaye, eux et tous leurs biens, meubles et immeubles, dont est faite énumération, sans préjudice d'une somme de cent francs d'or, versée en numéraire. Moyennant quoi, les religieuses dudit Saint-Julien, s'engageaient à fournir chaque

(1) M. Quantin dans son Recueil de pièces du XIIIe siècle publie, à la page 24, une charte de juin 1205, où André d'Ervy et ses trois frères font don à la maison du Popelin de la dîme d'Ervy, et de la moitié d'un pré au dit lieu, pour la pension de leur mère qui y a été reçue converse.

année auxdits mariés 40 bichets de froment à la mesure de Charentenay, par jour deux pintes de vin pur et sans eau, bon et convenable, à ladite mesure, et chaque dimanche cinq chopines. Ces braves gens aimaient sans doute à célébrer à leur manière le jour du Seigneur. En outre, les religieuses de Saint-Julien seront tenues de leur donner chaque année un porc salé, dix mesures de bûches, rendues chez eux, un bichet de pois, un bichet de fèves, un demi-boisseau de sel, et enfin, de leur délivrer la pitance commune à toutes les religieuses. De plus, elles promettent de leur procurer une demeure convenable, soit dans l'intérieur de leur cloître, soit dans leur maison d'Auxerre, et de les associer à leurs bonnes œuvres, tant spirituelles que temporelles. Les époux Fornier choisissent leur sépulture en l'église de Saint-Julien, et se réservent la faculté de disposer par testament de la moitié de leur avoir. Ceci se passait en 1382.

En 1385, Gilette, veuve de Thévenin Gallois, se donne, elle et tous ses biens, au prieuré de Charnes, sous condition que le prieur Guillaume de Fayes lui administrera toutes les nécessités de la vie, et priera et fera prier pour elle après sa mort. Et sa vie durant, ledit Guillaume ne pourra ni ascenser, ni aliéner, ou engager en aucune façon, l'avoir qu'elle lui confie. Au cas où ledit Guillaume viendrait à mourir avant elle, ou à quitter le prieuré, il lui sera loisible de reprendre ses biens et sa liberté.

En 1412, Jeanne Le Moynat, demeurant à Prégilbert, femme séparée, quant aux biens, de son mari, se livre, elle et tout ce qu'elle possède au monastère de Crisenon, sous condition d'y être logée, nourrie et entretenue, tant en santé qu'en maladie. Elle stipule qu'il lui sera donné par jour une chopine de vin, une chambre bonne et honnête, suivant son état, avec un lit garni, six draps, deux nappes, six écuelles et une pinte d'étain. En outre, moyennant rente annuelle et perpétuelle de 15 sous, elle aura droit à un anniversaire avec vigiles en l'église de Crisenon. Vers 1426, Geoffroi Godin, de Dige, « *franche personne, si comme, il* « *disoit, considérans et regardans, si comme il disoit, la tres grant* « *et ferme dévocion lamour et la grant affeccion que de longtems* « *il avoit eu et encore a en la maison et hospital de Pontaubert de* « *lordre de Saint-Jean de Jérusalem* », se fait lui et ses enfants serfs dudit hôpital, « *de la condicion et servitute, et en la manière* « *et forme de ceulx de la terre du Meix, sous condicion de partici-* « *per aux prieres, messes, oroisons et bienfaiz qui de jour en jour* « *ont esté faiz ou dict hospital* ».

En 1451, un nommé André Louat, qui paraît avoir fait de mauvaises affaires, s'offre également à l'abbaye de Reigny avec sa femme Alix, et leurs trois enfants, Girard, Georges et Chrétien. Ils abandonnent partie de leurs biens et se soumettent entièrement à l'obédience de l'abbé, qui, de son côté, s'engage à acquitter leurs dettes jusqu'à concurrence de 50 livres.

Un des plus curieux traités d'admission qui soit aux archives de l'Yonne, est bien sans contredit celui du sieur Christophe Maulverny, bourgeois de Paris, ci-devant greffier de l'élection de Nemours. A ce moment, c'est-à-dire en 1665, l'abbaye de Pontigny était engouffrée dans des dettes et des difficultés de toute sorte. Aussi, l'arrivée au couvent d'un vieux légiste retors, avec cinq mille livres tournois bien liquides, fut-elle accueillie à merveille. On lui fait donc des conditions extraordinaires : 1° Il sera nourri, logé, chauffé et entretenu, lui et son valet, sa vie durant. Et s'il l'a pour agréable, l'abbé l'hébergera à sa table ; 2° Cependant, le sieur Maulverny paiera tous les frais de médecin et d'apothicaire ; 3° Le logement qu'on lui attribuera sera composé de deux chambres, un cabinet et de quelques salles, ou galeries, qu'il réparera, meublera et embellira à ses frais ; 4° Il apportera tout le linge nécessaire pour lui et son valet ; 5° L'abbaye lui fournira tous les matériaux nécessaires pour l'embellissement de son logis ; 6° Le sieur Maulverny se réserve le droit de chasse sur toutes les propriétés de l'abbaye ; 7° Les moines l'emploieront dans leurs procès et dans leurs affaires; 8° A son décès, ils feront célébrer pour lui un service solennel. En plus, ils institueront pour lui un annuel qui sera mis sur un tableau à la sacristie. On y lira l'inscription suivante : « Vous estes priés de vous souvenir de « recommander à Dieu, au Saint-Sacrifice de la messe, l'âme du « pauvre Maulverny ».

Le pauvre Maulverny, qui semble avoir été très méfiant de sa nature, exige que l'on paie en sa présence les dettes dont il est fait énumération, et prétend jouir du revenu des terres qu'il aura ainsi dégagées. Il stipule d'ailleurs qu'il sera libre de se retirer si l'air ne lui convient pas. En ce cas, l'abbé sera tenu de lui servir une rente viagère de 350 livres, pour le capital de 5,000 qu'il abandonnera à l'abbaye. Maulverny, cependant, ne partit point et, plus tard, on le voit apparaître, estant en justice pour sa communauté, dans les procédures dirigées contre les descendants des huit fermiers primitifs de la métairie de Champtrouvé, dont le bail était expiré, et dont il s'agissait d'obtenir le déguerpissement. Ce domaine ne rendant plus que 370 livres, Philippe Maulverny, frère associé de l'abbaye, est chargé de le faire réunir de nouveau au temporel du couvent, il obtient à cet effet procuration spéciale. (1666-1669. V. H. 1481). (1).

Parfois, l'admission était une pure œuvre de charité envers des vieillards infirmes et délaissés, ou exploités par des parents avides. Tel est le cas de Pierre Renard, que l'abbé de Pontigny retire en son monastère vers 1729. Ce malheureux, vieux célibataire, âgé de soixante ans, et malade, avait d'abord été reçu en l'abbaye. Mais il en était sorti à la sollicitation de quelques parents qui lui avaient offert l'hospitalité. Une fois chez eux, il n'avait pas tardé à être en butte à toute espèce de manœuvres, dont la fin dernière était de l'amener à leur faire donation entre vifs de tout son bien. N'ayant pu y réussir, ils le chassèrent, et le malheureux n'ayant plus ni feu ni lieu, fut trop heureux de retourner au monastère qui l'admet comme *donné*, moyennant l'abandon d'une partie de ses biens qui se trouvait sur le finage de Pontigny.

Vers la fin du XVIIe siècle, ou le commencement du XVIIIe siècle, le contrat d'oblation change quelque peu de nature. On devient pensionnaire ou associé perpétuel. Cela a lieu surtout pour les femmes, qui veulent se retirer du monde, après des chagrins ou des revers de fortune. Quant aux hommes, ils abandonnent ce mode de la vie religieuse et prononcent d'ordinaire leurs vœux. Nous avons aux archives de l'Yonne de nombreux documents de ce genre dont nous publions quelques-uns, soit en entier, soit par analyses. D'aucuns sont d'une complication inouïe, et semblent provenir de têtes tant soit peu dérangées. Il en est bien ainsi de la veuve de Jean Marcelat, en son vivant avocat du Roi au bailliage de Sens. La dame Marcelat entre aux Annonciades ou Filles bleues de cette ville sous les conditions suivantes : 1° Ladite dame étant de faible complexion, elle ne sera point astreinte à la règle et pourra, néanmoins, participer à tous les exercices spirituels, pénétrer dans le chœur de l'église conventuelle, dans le cloître et autres retraites particulières ; 2° elle sera logée, vêtue, nourrie et

(1) Procès intenté par Philippe Mauverny, agissant au nom de l'abbaye, contre la veuve Chotté, fermière de Champtrouvé, qui, en fin de bail, élève des prétentions sur la récolte prochaine (1677). — Cinquante actes de désistements et de déguerpissements consentis en faveur de l'abbaye de Pontigny par les tenanciers de Champtrouvé (1666-1670). — Acquiescement par divers laboureurs de Venizy à une sentence du présidial d'Auxerre, ordonnant que le bail conclu entre MM. Ythier et Maulverny soit exécuté selon sa forme et teneur (1677). — Journal des recettes et dépenses avec notes explicatives, de Champtrouvé, concernant Bouché et Fouchères, tenu par le sieur de Maulverny, frère associé de l'abbaye (1669-1683. Cahier folioté de 32 feuillets). H. 1481.

chauffée aux frais de la Communauté, et elle aura avec elle, tant de jour que de nuit, une sœur converse pour la soulager dans ses besoins et nécessités; 3° en cas de maladie, le nombre des sœurs converses sera porté à deux, et leur salaire restera à la charge des Annonciades; 4° on entretiendra un feu, tant de jour que de nuit, dans sa chambre, et aux croisées de ladite chambre, il sera mis doubles chassis ou panneaux de vitre avec des écrans ou paravents de toile aux portes; 5° les religieuses paieront les frais de médecin et d'apothicaire; 6° lorsque la dame Marcelat ne pourra assister au service ordinaire du couvent, il lui en sera célébré un particulier pour elle, qui sera continué durant un an entier après sa mort. Les biens de cette associée ou oblate devaient être considérables, pour que les Annonciades de Sens aient cru devoir accepter des conditions aussi dures.

Il nous semble résulter de tout ceci que l'état de *donné* ou d'*oblat* constituait une sorte de transition, d'intermédiaire entre la vie mondaine et la vie religieuse. Les oblats promettaient chasteté et obéissance, mais ne prononçaient point les grands vœux. Ils conservaient la possession d'une partie de leurs biens et pouvaient tester. Enfin, ils n'étaient point engagés irrévocablement et il leur restaient une porte de sortie par laquelle il leur était permis de rentrer dans le monde, si cette première initiation à la vie religieuse ne leur avait point convenu (1).

I.

Ego Bertha cum sim nobilis et ingenua, humilio et dono caput meum liberum ad altare Sancti Martini in novo monasterio de Utrecht, eo tenore, lege et conditione, ut ego et omnis parentela ex me profutura persolvamus singulis annis pro censu, II denarios, sponte nostra... Mondiburdem vero et defensorem, alibi, non requiramus, nisi ad supradicti sancti, ad defendendum, scilicet, non ad inclinandum, ut ab omni servitio permaneamus liberi atque illæsi, stabili lege, iterum ne omni modo sine respectu videatur sancta Dei ecclesia, pro licentia nubendi, infra, sive extra, concedere potestatem, dentur sex denarii. XIIe siècle. (Chart. ap. Hedam p. 118).

II.

Charte par laquelle les religieux de Fontenay reçoivent d'Etienne et de Pierre de Saint-Brisson leur mère en aumône, (in elemosinam), moyennant

(1) Dans un état des revenus et charges de l'abbaye de Reigny, du commencement du XVIe siècle, présenté par l'abbé à l'évêque d'Auxerre afin d'être exempté de la dîme levée sur le clergé pour la défense de la foi contre les Turcs, il est dit que les religieux sont au nombre de 33, y compris les donnés. — (H. 1560.)

Voir surtout p. 336, n° XVII, le traité d'admission des frères Morillon.

cession de tout ce qu'ils possèdent sur le territoire de Montchaume et une dîme sur celui des Quintes. XIIe siècle. (H. 2030.)

III.

Don fait de sa personne et de ses biens, par Pierre Le Barbier, à l'abbaye de Pontigny. (1252, mars. H. 1400).

Omnibus præsentes litteras inspecturis, Hugo decanus tornodori, salutem in domino. Noveritis quod in nostra præsentia constitutus, Petrus, dictus Barberius, dedit se et sua, tum mobilia quam immobilia, ubi cumque poterunt inveniri, Deo et Beatæ Mariæ Pontigniaci, promittens per fidem suam corporaliter præstitam, quod contra dictam donationem, per se vel per alium, non veniet in futurum, et quod in dictis rebus, nihil de cetero reclamabit, nec faciet reclamari. In cujus rei testimonium, præsentibus litteris ad petitionem predicti Petri, sigillum nostrum duximus apponendum. Actum anno domini millesimo ducentesimo quinquagesimo secundo, mense martio.

IV.

Donation par Eudes, dit le Meignen, et Agnès, sa femme, aux frères et aux rendus de la maladrerie de Saint-Florentin, d'une pièce de terre située aux Graviers-des-Isles, en considération de ce qu'ils ont reçu à titre de rendu leur fils Nicolas, et pour son entretien. (1294. Hospice de Saint-Florentin).

A tous ces qui ces lettres verront Bauduins de Loom Baillis de Troyes, salut. Saichent tuit que pardevant Jehannet Le Lombart et Thomas de Leigni, jurez et establiz à ce feire en la chastelerie de Saint-Florentin et es apartenances, de par nostre seigneur le Roy, vinrent en propres persones Heudes diz li Meignens et Agnes sa fame, et requenurent de lor bones volontez, seinz force, que par les biens-fez, les cortésies et les suffraiges que li frere et li Randu et maistres Nicholes de Torneurre, garde de la maladerie de Saint-Florentin, avec les diz freres et Randuz, on fet audit Heude et à sa fame, et espéciaumant de ce que il ont receu à frere et à Randu de ladite maison, Nicholas fil dou dit Heude et de Agnes, por son lit, por sa huche et por sa pitance aus freres de ladite maisson, que li diz Nicholas lor devoit, si com il est usse et acoustume de fere ça en arriers, à ices freres et Randuz donent otroyent et quitent à tous jors mays, por ceste causse, une lor piece de terre assise es graviers des Illes desus Brunchefol, tenant de une part aus terres Guillot de Hervi, à un pou de Sauci assis desous autrevoie de lez les prez de feue Clim, tuichant aus prez aus malades qui furent au devant dit Odin et sa fame ; lequel don li diz Odins et sa fame ont promis et sont tenu en bone foy et par leans promesse, et sus obligacion de tous lor biens et des biens de lor hors, meubles et non meubles, presenz et avenir, à tenir, garder, sauver et garentir ledit don à tous jors mays, et paier couz et domaiches se illi estoient ne avenoient par le deffaut de ses covenances, des quiex couz et domaiches li porveeres de ladite maisson seroit creus par son simple seremant, seinz autre preuve ; et s'en sont mis quant a ce, en nostre juridicion et de nos successeurs baillis de Troyes, en tele menière que nous ou nostre successeur les puissiens et deviens contreindre et comander a contreindre par la prisse et par la vandue de touz lor biens, et faire vandre et despendre tant que la vandue poist acomplir ces covenances et se don, et ne se joirroient de chose que il eussent piques, a tant que il eussent loe, gree quite et garantie (la vandue) fete pour ce acomplir, et en feroient joir come de chosse queneue et ajugiée : et ont renoncié en ce fet à toutes aides de droit de canon et de loy, à toutes indulgences donées et à doner, à ce que il puisse dire que il deceu en rienz, à tous baraz et autres raissons, qui en ce fet lor pourroient aidier et nuire aux diz freres et à lor successeurs. En tesmoin de laquele chosse par le raport des dix jurez, à la requeste doudit Odin et de sa fame, nous avons seelees ces lettres dou scel de la Baillie de Troyes sauf le dreit nostre seigneur le Roy. Ce fut fet l'an de grace 1293, la semaine de Nostre Dame de Marz (1294).

V.

Installation d'un frère en la léproserie de Saint-Florentin, nommé Guillaume de Vaucharcis, par le bailli de Troyes, Gilles de Soubtour, maire de Saint-Florentin, et les échevins de cette ville, en vertu de lettres royales, qui disposent en sa faveur d'une place à la nomination du Roi en cette léproserie. (1320, 15 août. Hospice de Saint-Florentin).

A touz celz qui verront et orront ces presentes lettres, Symons de Montigni Bailliz de Troyes et de Miaux, salut. Saichent tuit que nous avons veues les lettres nostre seigneur le Roy contenant ceste forme : « Philippus, (V. dictus Longus), Dei gratia Francorum et Navarræ rex, « dilectis nostris rectoribus ac fratribus et sororibus domus Leprosariæ « Sancti Florentini, et omnibus aliis ad quos pertinuerit, salutem et dilec- « tionem. Cum nos locum nobis hac vice in eadem Domo jure nostro « regio debitum, dilecto Guillelmo de Valcharcis, latori præsentium, « pietatis intuitu, contulerimus, mandamus vobis quatenus dictum Guil- « lelmum recipiatis in dictæ Domus, Socium et in fratrem, eidem tanquam « uni ex dictæ domus fratribus, facientes vice nostra ministrari : Datum « Parisius, die XXI Julii anno domini 1320 ». Par la vertu desqueles lettres, nous Symons Bailliz dessus diz, pour le Roy nostre seigneur et en tant comme il li touche, sommes ale avant par la teneur des dites lettres, et avons appelle avec nous Gile de Soubtour, maire de la commune de Saint-Florentin, Jehan Illeux, Jaque le Tonelier, Guillaume Le Pelletier, Jaque Chevalier, Jaque Garnier, Jaque de Ligni, Martin Le Pelletier, Robin le Melle, Symon Maugier, Thiébaut, Paupin, Jean L'Userier et Colas Guillot, tous eschevins de Saint-Florentin, monseigneur Thiebaut, curé de Cheu, maistre et Gouverneur de ladite maladerie de Saint-Florentin, monseigneur Guillaume Le Lombart et monseigneur Estiene, prestres et freres de la dite maladerie, ensemble les autres freres et suers de la dite maladerie auquelx nous avons demandé se il voloient riens opposer au contraire et se li diz Guillaume estoit suffisanz à ce ; li quel ne le contredirent en riens : li quel maires et eschevins dessus diz nous ont monstrées unes lettres de sentence de la saisine de la dite maladerie, salve la propriété, scellée don scel le Roy nostre seigneur, le Roy Philippe qui mors est, cui Dieux absoille, qui parle que au Roy nostre seigneur, au maieur et aux eschevins de Saint-Florentin, conjointement et par non devis, appartient le gouvernement de la dite maladerie et l'institution et destitution de metre et de oster le maistre et Gouverneur, et de metre en la dite maladerie freres et suers : pourquoi nous Bailliz desous diz, pour le Roy nostre seigneur, en tant comme il li touche pour son droit, de la volenté et de l'assentement des diz maieurs et eschevins, doudit maistre et Gouverneur, des diz freres et suers conjointement et d'une volente, avons recehu le dit Guillaume à frere de la dite maladerie, et mis, par la vertu des lettres, comme frere en la dite maladerie, en administrent au dit Guillaume de Valcharcis, en la dite maladerie, tout ce qui a frere et compaignon appartient, et pris le serment dou dit Guillaume, que bien et leaument gardera le droit de la dite maison, le droit le Roy et le droit de la commune de Saint-Florentin, sauf et réserve au dit maieur et eschevins leur privileges empetrez et donnez devant ces lettres. Et ce nous certifions à touz celz à cui il appartient : et pour ce que ce soit ferme chose et estable, nous avons requis à Jehan Le Veier garde dou scel de la prevosté de Saint-Florentin, que il meist le scel de la dite prevoste en ces lettres avec le nostre, et à Gile de Soubtour maieur de la dite commune, que il meist le suen de quoi il vise au fait de la dite mairie : liquel les y ont mis, si comme il appert. En tesmoing de laquele chose nous Symons de Montigni, Bailliz dessus diz, avons mis dans ces presentes lettres nostre scel douquel nous usons esdites Baillies. Donne l'an de grace 1320, le jour de l'Assomption nostre Dame ; mi aoust.

N.-B. — Voir page 104 (1) l'arrêt du Parlement invoqué par les maire et échevins. Les lettres d'institution ne pouvant guères se donner conjointement entre le Roy et les maire et échevins de Saint-Florentin, le Roy nommoit, et les sujets se présentoient ensuite à la ville, qui, de son côté, les instituoit : on verra dans la suite, qu'elle s'est opposée à l'exercice des fonctions des maistres qui n'avoient pas pris d'elle leurs pouvoirs. Il paroit qu'il y avoit des sœurs en la maladerie, de toute ancienneté : il en est fait mention expresse, page 10 (ibid.), dans une charte de 1247, etc. Peut-être même la mère de Philippe d'Arrablay s'étoit elle rendue en qualité de sœur à la maladrerie (voir page 5, ibid) avant 1207, et non pas comme attaquée de la lèpre.

VI

Acte par lequel le maître et les frères de la léproserie de Saint-Florentin donnent à bail perpétuel à Guillaume Despineux, qui quitte sans retour leur maison où il a longtemps vécu, une pièce de terre située au gué de Moustiersleux, pour la rente annuelle de 4 sous tournois. Moyennant quoi

(1) Cette note est de D. Depaquy. — Cartulaire de l'hôpital de Saint-Florentin.

les parties se déclarant complètement quittes et libres de tout engagement l'une envers l'autre (1321, 15 novembre) (1).

A touz ceux qui ces presentes lettres verront et orront Jehans Li Voyers garde dou scel de la prevosté de Saint-Florentin, salut. Saichent tuit que pardevant Jehans Ylleux et Jehan Desportes, clerc jurez et establiz a ce faire a Saint-Florentin et es apartenances de par nostre seigneur le Roy, vindrent en propres persones especialment pour ceste chose, messire Guillaumes li Lombarz, prestres, maistres de la maladrerie de Saint-Florentin, messires Estienes de Chichery, Prestres curez de la dite maison, sires Guillaumes de Vaucharcyes, Jehans Boussarz, Jeubers de Cheu, Garniers li Faterins, Perrins d'Ylles, Colas li Meignens, Colinet filz, Bertholomaut, Jehans li Duz, Jehans de Regni, Colas li Faterins, Martin de Baigniaux, Jehans Saudiris, tuit frere de la dite maison, d'une part, et Guillaume Despineux freres de la dite maison, d'autre part, et recognurent chascun en droit soy, c'est a savoir li diz Guillaume Despineux de sa pure volante, sanz force et sanz contrainte nulle, que come il ait heu longuemant le pain, le vivre et la fraternite de la dite maison et conversé par long temps avec les diz freres, il, pour son proufist evident et apparent a lui, si come il disoit, quite et a quite desja à touz jours mais, sanz rapel, la dite fraternite, pain et vivre de la dite maison, le maistre et les freres de la dite maison qui pour le temps sunt et seront, et li dit maistres et freres baillent et ont baillie au dit Guillaume Despineux, pour les choses dessus dites et en recompensation des choses dessus dites, à ferme et a moison, une piece de terre qui est de la dite maison, si come elle se comporte, seanz vers le gue de Moustiersleux, laquelle fut doudit Guillaume, a tenir dou dit Guillaume Despineux tant que il vivra tant seulement, parmi la somme de quatre sols tournois, paiens chascun an de pension a la dite maison le jour de la feste Saint Remy, et après le déceit dou dit Guillaume, la dite terre revenra arriers a la dite maison comme devant et comme propres heritages de la dite maison, et paieront chascun an le cens de la dite terre, li dit maistres et freres, aux maieurs et aux eschevins de Saint-Florentin le jour de saint Remy, comme de leur propre heritage; et se il avenoit par aucune avanture que l'on empeschast la dite terre ou l'ambleure d'icelle pour cause de la dite maison, li dit maistres et freres la déliverroient pour le feit de la dite maison. Item li dit maistres et frere recognurent que comme li diz Guillaume soit obligez avec les diz maistres et freres envers monseigneur Thiebaut curé de Cheu pour le proufist de la dite maison en une grant somme d'argent et en plusieurs scellez, il en promettent et ont promis a garantir le dit Guillaume

(1) Cette charte est instructive relativement à l'ancien gouvernement de la Maladrerie : les frères ne faisoient point de vœux perpétuels; ils promettoient l'obéissance au maître et vivoient en commun; mais ils avoient la liberté de se retirer quand il leur plaisoit et alors ils étoient dégagés de toute obligation spirituelle et temporelle. Guillaume Despineux avoit donné en entrant à la maladrerie, selon l'usage, la terre qu'on lui cède à bail viager, par cette charte. — (Cartulaire de l'hôpital de Saint-Florentin, par Depaquy.)

Despineux et randre et paier touz coulz et domaiges que li diz Guillaumes Despineux auroit, ou encourroit, pour deffaut de la dite garantie non portée. Et parmi les convenances dessus dites les dites parties quitent et ont quite l'une et l'autre de toutes choses, pain, vivre, fraternité, obeissance, sairemanz, et de toutes autres actions que l'une partie pouist demander à l'autre de tout le temps trespasse jusques au jour de la confection de ces lettres ; et hont promis les dites parties en bone foy et par loyale promesse que il, contre les convenances dessus dites, ne venront ne venir ne feront ou temps avenir, ançois les tenront et garderont fermement l'une partie envers l'autre, et randront et paieront l'une partie à l'autre touz coulz et domages que il aurroient et encorroient pour le deffaut des convenances dessus dites non tenues, des quiex li portierres de ces lettres seroit crehuz par son simple sairemant sanz autre preuve faire ; et en ont oblige les dites parties, c'est asavoir li dit maistres et frère touz les biens de la dite maison, et li diz Guillaumes Despineux touz ses biens et les biens de ses hoirs, meubles et non meubles, presens et avenir et soubmis à la juridicion du Roy nostre seigneur et de sa gent, par les quex il veulent estre contraint par la prise et par la vandue de leurs biens pour acomplir les convenances dessus dites ; renonçant en ce fait les dites parties à toutes excepcions de decepcion, de fraude et de barat, à tout aide de droit de canon et de loy, au privilège de la croix prise et à panre, à toutes indulgences donées et à doner, et à toutes autres choses qui en ce fait pourroient estre dites et opposées contre ces présentes lettres et especialment au droit disant general renunciacion non valoir. En tesmoing de laquelle chose, par le rapport des dits jurez, à la requeste des dits maistres et freres et doudit Guillaume Despineux, Nous Jehans li Voyers dessus diz avons scelle ces lettres dou scel de la dite prevoste de Saint-Florentin, avec les saignez des diz jurez, sauf tous droiz. Ce fu fait present monseigneur Thiebaut cure de Cheu, Jaquaut le Tonnelier, Gilaut de Soubtour, Jehan Copin, Jehan Perrote, Guillaume le Tondeur, Pierre Dougueit, Jaquin Bataille et Thiebaut Paupin, le lundi après la Saint-Martin d'iver, l'an 1321 (13 novembre).

VII.

Donation par Pierre li Peschierres, qui entre comme donné à la maladrerie de Saint-Florentin, d'une maison avec pourpris située à Auxerre, pour le prix de son entretien. (1322, 17 avril. Hospice de Saint-Florentin).

A touz ceux qui ces presentes lettres verront et orront, Jehans Li Voyers garde douscel de la prevosté de Saint-Florentin, salut. Saichent tuit que pardevant Jehan Ylleux et Jehan Des Portes, clerc, jurez et establiz à ce faire à Saint-Florentin et es apartenances de par nostre seigneur le Roy, vindrent en propres personnes especialment pour ceste chose, messires Guillaume li Lombarz prestres, maistres de la maladerie de Saint-Florentin, messires Estienes de Chichery, prestres, Guillaume de Valcharcis, Perrins Dylles clerz, et Crestiene la Voiere, tuit frere et suer de la dite maladerie d'une part, et Pierre li Peschierres de Saint-Florentin, clerz d'autre part, et recognurent chascuns en droit soy, de leurs bones volentes, sanz force et sanz contrainte nulle, c'est à savoir li dit Pierres li Peschierres que pour les biens faiz et les courtoisies que li dit maistres et frere de la dite maladerie hont faites au dit Pierre espécialment pour le pain, le vivre et la fraternité de la dite maladerie que li dit maistres et freres hont donne et otroie audit Pierre tant comme il vivra en la dite maison, il donne et a donne, quite et otroie à touz jourz mais, sanz rappel, à la dite maison de la maladerie de Saint-Florentin, une sene maison assise a Auceurre, ensamble le pourpris tenent à la fille feu Jehan Trinchon d'une part et à Humbaut le Boursier d'autre part; item ung arpent de vigne assis au finage de Charmoy ; item demi arpent de vigne assis en ce dit finage, ensamble le Sauciz ; item demi arpent de vigne et sauciz assis au Ponciaul, tenant aux enfans feu Milet Baudoyn, item ou codroy demi arpent de vigne tenant d'une part à Perrin fils feu Mahuet, item demi arpent de vigne en Brichemaalon ; ensemble touz ses autres biens quelque il soient, que il ha et puet avoir, en quelque leu que ce soit, soient meuble ou héritage ; et s'en desveti li diz Pierres et en revesti les diz maistre et freres par la tradicion de ces presentes lettres. Et li dit maistres et frère de la dite maladerie donnent et ont donne et otroie pour la cause dessus dite et en récompensacion des choses dessus dites, au dit Pierre, tant comme il vivra, le pain, le vivre et la fraternité de la dite maison de la maladerie, de l'assentement de Jean Illeux maire de la commune de Saint-Florentin, pour lui et pour la dite commune, et de Jehan Lardenois leutenant dou prévost de Saint-Florentin, qui à ce s'assentissent, et hont promis les dites parties, chascunne partie en droit soy en bonne foy et par loiaul promesse, c'est à savoir li dit maistres et frere sus l'obligacion de tous ses biens et des biens de ses hoirs, meubles et non meubles presenz et advenir, en quelque leu que il soient, que il contre les choses dessus dites ne venront ne venir ne feront par aux ne par autre, ou temps advenir, ainçois les tenront et garderont fermement l'une partie envers l'autre, sans corrumpre, sus poine de randre et restituer touz coulz et domages qui y seroient ou avenroient par deffaut des convenances dessus dites non tenues et non gardées ; desquelx li porterres de ces lettres seroit crehuz par son simple sairement, sanz autre preuve faire ; soubmettant, quant à ce, les dites parties, c'est a savoir, li dit maistres et frère tous les biens de la dite maison, et li diz Pierres touz ses biens, a la juridicion dou Roy nostre seigneur et de sa gent, par lesquelx il veulent estre contraint par prise et vendue de biens, a acomplir et enteriner les convenances dessus dites : renuncenz, en ce fait, expressement les dites parties à toutes excepcions de décepcion, de fraude et de barat, à toutes cavillacions, à tout aide de droit, de fait, de loy et de canon, à tous privilèges de la croix prise et à panre, à toutes indulgences et grâces donnees et a donner tant dou pape comme dou Roy ou d'autre prince, au droit disent général renunciacion non valoir, et à toutes autres choses qui contre ces lettres pourroient estre dites ou opposées. Ou tesmoing de laquelle chose, par le rapport des diz jurez, à la requeste des dites parties, nous Jehans li Voyers dessus diz, avons scellees ces lettres dou scel de la dite prevoste de Saint-Florentin, avec les saignez des diz jurez, sauf tout droit. Ce fut fait present monseigneur Jehan Lamb[e] d'Ervy, prestre, monseigneur hugues Chappelain, dou pont de Naiselles, henry Cueus de Roy, Nicolas de Vaucharcyes et Thevenin le Selier de Maraye, le samedi apres Pasques commencent, l'an de grace 1322 (17 avril).

N.-B. — Le Prévôt de Saint-Florentin ou son Lieutenant, étaient aussi présens aux actes de la maladerie, pour y représenter le Roy ou le seigneur. Voir la note précédente et la charte page 114 (1) du 1er février 1321.

VIII.

Traité d'admission de Guillemot Fornier et sa femme Agnès à l'abbaye de Saint-Julien. Lesdits époux versent cent francs d'or à l'abbaye et lui abandonnent la moitié de leurs biens. Moyennant quoi, les religieuses de Saint-Julien devront leur fournir une demeure dans leur cloître, ou leur maison d'Auxerre, et leur livrer chaque jour la pitance due aux religieuses. Elles devront leur donner chaque année un bon *lart salé*, 40 bichets de blé froment, deux chopines de vin par jour, et le dimanche cinq chopines, dix mesures de bûches, un bichet de pois, un de fèves, et demi-breneau de sel. Ils choisissent leur sépulture dans l'église de Saint-Julien et participeront à toutes les bonnes œuvres de l'abbaye. (1382, 3 décembre. — H. 1669).

A tous ceux qui verront ces presentes lettres Jehan Maulduit et Jehan Dorgelet gardes du scel de la prevoste dAucerre, salut. Saichent tuit que en la presence Jehan Quoquart clerc tabellion commun jure dou roy nostre sire en la court de la dite prevoste, pour ce especiallment establies en leur propres personnes, religieuses dames et honeste madame Jehanne de Treignel, abbesse de l'église et monasteire de nostre dame les Saint Julien dAucerre, et touz li couvens dou dit lieu, pour ce assemble ensemble, en leur dit monasteire, au lieu ou elles ont acoustume a tenir leur chapistre a lore et en la maniere acoustumee, chapistrans et tenanz chapistre sonne a son de cloiche, pour elles, a cause de leur dite eglise d'une part : Et Guillemot Fornier et Agnes sa femme demorans à Charentenay, la dite Agnes de lauttorite, gre, volente, licence et assentement dou dit Guillemot son mari, a elle sur ce donne, et par elle prise, et agreablement receue pour eulx, d'autre part, disans et affirmens les dites parties par devant le dit jure, et mesmement les diz mariez considerans attandens et regardens les grans et bones affettions que il ont es dites religieuses et a leur dite eglise, la grant devocion quil ont destre participans et acompaigniez es biens faiz, messes, prieres, aumosnes et cheritez qui serontfaiz et celebrez en la dite eglise, a touz jours. Considerans aussi quil sont desormais viel, debrisie et encien, et que mieux et plus honorablement il pourroient avoir leur vies et leur substantacion en la dite eglise que autrement, recognurent et confesserent par devant le dit jure avoir convenu, traictie et acorde avecques les

(1) Cette note est de D. Depaquy. — Cartulaire de l'hôpital de Saint-Florentin.

dites religieuses, et les dites religieuses avecques les diz mariez, des choses cy apres escriptes en la maniere qui s'ensuit. Cest assavoir que les diz mariez de laultorite que dessus, ont donne et octroye, donnent et octroient es dites religieuses presens et acceptant, pour elles et pour leur successeur, perpetuellement, eux et touz leur biens meubles et non meubles, par pur et vray don fait solennellement entre les vis, pour ce qu'il vaille et teigne et sans esperance de rappeler, et de en riens retenir, ne reserver. Cest assavoir une maison et le pourpris, si comme tot se comporte, quil disoient eux avoir, estant et assis au dit lieu de Charentenay, tenant dune part à la maison et es heritaiges dit porchot, et dautre part au chemin commun. Derechief, une pièce de vigne, si comme elle se comporte, assise au finaige dou dit lieu de Charentenay, au lieu que l'on dit la voye dAucerre, tenant dune part a la vigne Estienne Gilemart, et dautre part a la vigne appartenant a l'autel dou Saint esprit, qui est en la dite eglise de Saint Julien. De rechief, une autre piece en la rue aval dou dit lieu de Charentenay tenant dune part a la vigne Estienne Gilemart et dautre part a la vigne Oigier pignon. De rechief, une piece de vigne assise au dit finaige au lieu que lon dit Vaullemeuse, tenant dune part a la vigne estienne piquant, et dautre part au chemin commun. De rechief, une autre pièce de vigne au lieu que lon dit vaul geffion au dit finaige de Charentenay, tenant dune part a la vigne a la femme pierre Chigot, et dautre part a la vigne cuerderoy. De rechief, une autre piece de vigne au dit finaige, au lieu que lon dit en champlion, tenant dune part a la vigne odot le cornuot, et dautre part au chemin commun. De rechief, une autre piece de vigne au lieu que lon dit Vaulmarencon, tenant dune part a la vigne guillemin gilemart et a la vigne Jehan morilon, dautre part, assise au dit finaige. De rechief, en ce mesme lieu, une autre piece de vigne tenant a la vigne feu pierre chigot, dune part, a la vigne Drouhin Froment, dautre part. De rechief, une autre piece de vigne au dit finaige, au lieu que lon dit Vaul vignart, tenant a la vigne au cure doanne, dune part, dautre part au chemin commun. De rechief, une autre piece de vigne au dit finaige, au lieu que lon dit au Vaul fougny, tenant a la vigne Jehan moraut, dune part, et a la vigne Joffron maledain, dautre part. De rechief, une autre piece ou dit finaige, ou lieu que lon dit la Coste morise, tenant dune part a la vigne au cure de Charentenay. De rechief, une autre piece de vigne, ou lieu que lon dit dessus lestang au dit finaige, tenant a la vigne a la femme feu pierre chigot d'une part, et a la vigne a la femme feu mestre Jehan le menant, a present femme Audrier de nuiz. De rechief, une piece de terre ou finaige de Villiers, tenant dune part a la terre Robert Caillat et a la terre estienne gilemart, dautre part. De rechief, une autre piece de terre en ce mesme finaige, tenant a la terre Jehan poitevin dune part, et a la terre Droin Froment, d'autre part. De rechief, une autre piece de terre au Vaul de gemy, tenant dune part a la terre au cure de oanne, et dautre part a la terre Jehan Imbert. De rechief, une autre piece de terre en la rue qui est si comme lon vait a Corcon, tenant dune part a la terre mestre Robert de fixi, et dautre part au chemin commun. De rechief, un cortel dessus la dite terre, tenant a la terre dou dit Jehannin Imbert, dune part, et dautre part a la terre dou dit mestre robert. De rechief, une maison et appartenances, si comme tout se comporte, assise a colonges les Vineuses, tenant dune part a la maison Jehan le beullat, et dautre part au chemin commun. De rechief, une piece de vigne aussi comme elle se comporte, assise a colonges les Vineuses, au lieu que lon dit es chasnees, tenant dune part a la vigne huot cuissin, et dautre part a la vigne tevenin sacquereau. De rechief, une autre piece de vigne, assise au dit finaige, ou lieu que lon dit en la coste devant la ville, tenant a la vigne Colin dappoigny dune part, et au chemin commun dautre part. De rechief, une autre piece de vigne devant la ville, tenant a la vigne dou dit Colin de appoigny, dune part, et dautre part a la vigne a la femme feu Jehan Cousin. De rechief, une autre piece de vigne, ou lieu que lon dit les bones denrees, tenant dune part a la vigne philippin Carreau, et dautre part a la vigne Colin dappoigny. Et generallement ont donne et octroye, donnent et octroyent les diz mariez es dites religieuses, touz autres biens meubles et immeubles, soient maisons jardrins, saucilz, vignes, terres, prez, caves, ayseinz et touz autres heritaiges quelconques comment quil soient diz nommez ou appellez, et ou quil soient estant et assiz, desquex il sont tenanz et possidens au jour de la date de ces lettres et de ceux dont il seront tenanz et possidens au jour quil iront de vie a trespassement. De tous les quelx biens ainssi donnez, les diz guillemot et sa femme, de lauttorite que dessus, se sont desrevestuz et dessaisiz en droit, en la presence du dit jure, et voldrent et consentirent que les dites religieuses au nom et a cause de leur dite eglise, pour elles et pour leur successeur, en feussent et demorassent a perpetuite revestues et saisies à tiltre de leal et parfait don, par le bail, lottroy et la tradicion de ces presentes lettres ; en signe et en coraige, si comme les diz mariez disoient, de transporter de eux aux dites religieuses tout le droit, tote laccion mixte, reelle, personnelle, perpetuelle et possessoire quil avoient, povoient et devoient avoir en iceux biens, a quelconque tiltre, et pour quelconque cause ou raison que ce feust, ou peust estre. Et avec ce, les diz mariez ont bailliez et delivrez, baillent et delivrent presentement aux dites religieuses, tant en vin baillie pour la necessite dou dit couvent, comme en argent sec, la somme de cent frans dor, des quelx les dites religieuses seront tenues pour bien contentes paiees et agrees, et en quitterent les dites religieuses les diz mariez et leur hoirs a touz jours. Et parmi ces presentes convenances, les dites religieuses et leur successeur soient et seront tenus, ont promis par devant le dit jure fere enteriner et acomplir es diz mariez les choses cy apres esclarcies. C'est assavoir, quelles et leur successeur, seront tenues rendre et paier chacun an aux diz Guillemot fornier et sa femme, et a chacun deux, tant comme il vivront successivement lun apres lautre, la somme de quarente bichoz de froment de annuelle rente, bon froment et convenable, a la mesure des dites religieuses quelles ont au dit lieu de Charentenay, et chacun jour durant les dites vies, deux pintes de vin pur senz eaue, bon et convenable, a la dite mesure, et pour chacun dimenche durant les dites vies, cinq chopines de vin. De rechief, seront tenues les dites religieuses, paier et administrer aux diz mariez chacun an, durant leur dites vies, ung lart sale bon et convenable, dix mesures de busche, rendue conduitte au cloistre dou dit monastere de Saint Julien, ung bichot de pois, ung bichot de feves, et demi breneau de sel, a la dite mesure, et pour pittances communes, tout autant et au tel, comme peut et doit prenre en la dite eglise, lune des dites religieuses. De rechief, seront tenues et ont promis aux diz mariez administrer et a iceux, durant leur dites vies, maison et demorance bone et convenable en la dite eglise ou cloistre, ou en leur maison a Aucerre, telle quil y puissent demorer bien et convenablement, selon leur estat. De rechief, seront encoir tenues les dites religieuses de acompaignier et associer, et des ja acompaignent et associent les diz Guillemot et sa femme a touz les bienffaiz, messes, prieres, aumosnes et cheritez qui desorenavant seront faiz et celebrez en la dite eglise ou dit monastere, et que les diz mariez, et chacun deux, seront inhumez et sepulturez en la dite eglise quant le cas y eschoira, bien et honorablement. Et est assavoir que reserve est aux diz mariez, dou consentement des dites religieuses parmi ce present traictié, que nonobstant ceste presente donacion de la moitie des diz biens ainssi donnez, tant meubles comme immeubles, icilz marie pourront faire testament et leur ordonnance, selon ce que bon leur semblera, sans ce que les dites religieuses le puissent ou doivent contredire en aucune maniere. Car ainsi a este acorde, ottroye et consenti des dites parties de lune part a lautre, par devant le dit jure. Et ont promis icelles chacune partie en tent comme il lui peut tuicher et appartenir, par leur foiz sur ce donne par devant le dit jure, que contre ces presentes convenances elles ne viendront, ne feront venir par autres en aucune maniere ou temps advenir, eincois les tiendront, garderont et acompliront, et feront tenir garder et acomplir fidelement, senz corrompre ou venir encontre, tout en la forme et maniere que dessus est dit et esclarci. Et avec ce, on promis lune partie a lautre, rendre touz couz, mises, perditions et domaiges qui seroient faiz, euz ou soutenuz, pour deffaut des choses dessus dites, ou aucun dicelles non tenues et gardees, selon ce que cy dessus est dit et promis. Sur les quex elles voldrent et acorderent quil en feust et soit creu dou tout au simple serment, dou pourtraict de ces, senz autre preuve. Pour lesquelles convenances et chacune d'icelles faire tenir et garder selon ce que dit est, les dites parties ont oblige lune partie a lautre. Cest assavoir les dites religieuses leur biens de leur dite eglise et de leur successeurs, et les diz mariez de laultorite que dessus, eux, leur biens leur hoirs et les biens de leur hoirs meubles et non meubles, presens et advenir, ou quil soient veuz ou trouvez, et quant ad ce sen sont soubmiz a la juridicion de la court de la dite prevoste, ou quelles facent mansion, pour estre contraincte et justiciee par la prise, vendue et explectation de tous leur diz biens, renonceant en ce fait les dites parties a toutes accions exceptions, deceptions, fraudes, cautelles, cavillations, allegaccion, deffenses de fait et de droit escript et non escript, au benefice dou saige velleien, et a touz autres benefices faiz et introduiz en la faveur des femmes, a touz privilaiges, us, statuz et coustumes de pais et de lieux, ad ce contraire, et generalement renonceant les dites parties a toutes autres choses que lon pourroit dire et proposer contre la teneur de ces lettres, lesquelles nous en tesmoing de verite avons scellees dou dit seel a la relacion dou dit jure. Donne lan de grace mil trois cenz quatrevins et deux le tiers jour dou mois de decembre.

Signé : QUOQUART, avec paraphe.

IX.

Gillette, veuve de Thevenin Galloys, se donne elle et tous ses biens au prieuré de Charnes, sous condition que le prieur Guillaume Defaye lui administrera toutes les nécessités de la vie, et priera et fera prier pour elle après sa mort. Et sa vie durant, ledit Guillaume ne pourra ni ascencer, ni aliéner, ni engager en aucune façon les biens qu'elle lui confie. Au cas où le dit Guillaume viendrait à mourir avant elle, ou à quitter le prieuré, il lui sera loisible de reprendre ses biens ainsi que sa liberté. (1385. — H. 1844).

A tous ceulz qui verront ces presentes lettres Symon Defrices bachelier en loys, garde du scel de la comte de Sancerre, salut en nostre seigneur. Saichent tuit que par devant Robert buffet, clerc jure du dit scel et notaire, usent de notre auctoritte et de notre commandement, pour ce personnelement establiz Gillette femme de feux thevenyn galoys, veuve, et estant de son droit et de son gouvernement, si comme elle affirmoit pour luy dune part : et religieuse personne et honneste, frere Guillaume Defaye, a present maistre et gouverneur du priore de Charnes, pour luy dautre part. Certaynnes les dittes parties, de ca et de la pourveheus, et bien conseillees, non contraintes ne decephues en cest fait, si comme elles disoient : recognurent et publiquement confesserent par devant le dit jure avoir faict et accorde entreulx les accors et convenances qui sensuyvent, en la forme et maniere qui sensuyt. Cest assavoir que la ditte gillette des maintenant, a donne et donne au dit frere Guillaume et a ses successeurs a touziours mes, elle et touz ses biens meubles et nonmeubles, presens et advenir, sur les manieres et condicions qui sensuyvent. C'est assavoir que le dit frere Guillaume sera tenuz et a promis et promect, donner et admenistrer a la ditte gillette, tant comme elle vivra entre les humains, boyre, menger, vestir, chaulcer et hebert, et toutes autres choses necessaires a sa vie, et prier et faire prier dieu pour lame de ly. Et est accorde entre ycelles parties, que le dit frere guillaume ne porra vendre, adcensser, engager ny aliener en aucune maniere, aucune des choses de la ditte Gillette, tant comme elle vive. De rechef, est accorde que au cas que ycelluy frere guillaume yra de vie a trespassement avant la ditte gillette, ou quil se departira destre gouverneur du dit priore de Charnes, avant quelle aille de vie a trespassement, que la ditte donation soit nulle et de nulle valleur, et que la ditte Gillette soit et demeure franche personne, comme elle estoit avant la dabte de ces presentes lettres nonobstant la donnation dessus ditte, et nonobstant droit escript canon et civil, us et coustume de pais ad ce contraire. Et en cas que la ditte Gillette yra de vie a trespassement avant le dit frere Guillaume, ou avant quil se departe du dit priore, la ditte Gillette vuelt et consent que le dit frere Guillaume Defaye et ses successeurs, aient et appreignent touz les biens dycelle Gillette, meubles et heritages quelzconques, presens et advenir. Quar ainssy a este accorde entre les dittes parties de ca et de la par devant le dit jure, et par ainssy la ditte Gillette de toutes les choses dessus dittes, des maintenan,t sest dessaisie et devestue, et le dit frere Guillaume et ses successeurs des maintenant en a saisiz et vestus a tousjoursmes corporellement, par le bail, concession et octroy de ces presentes lettres. Et quant ad ce, ycelle Gillette, des maintenant a fait constitue et establi le dit frere Guillaume et ses successeurs, procureurs et acteurs en sa chose. Promettens les dittes parties par supplicacion solempnelle, et par convenance expresse, et par leur foy donnee corporellement en la main du dit jure, que contre les choses dessus dittes ou aucune dicelle, par eulx ou par autre ou autres, ne viendront ne ne feront venir en aucune maniere au temps advenir. Encoys les tiendront, garderont, feront et acompliront ycelles parties de ca et de la, et les feront tenir, garder, faire et acomplir de leurs heritiers, a tousiourmes, fermement et sanz corrompre, et rendra et reservera chacune partie dessus ditte en tant comme il luy puet toucher et appartenir a lautre partie dessus ditte et aus hoirs, touz ceulx par des mises, interestz et dommages, faiz et a faire pour deffaut dacomplissement et dobservance dune chacune des choses dessus dittes, et quant aux choses dessus dittes toutes et singulieres tenir, garder, faire, acomplir et avoir, venir encontre, obligerent et obligent les dittes parties de ca et de la, cest assavoir, chacune partie en tant comme il luy puet toucher et appartenir a lautre partie et aus hoirs. Et supposerent et souzmisdrent a la juridicion et contrainte du dit scel et de la ditte comte de Sancerre, eulx leurs hoirs, et touz leurs biens meubles et non meubles presens et advenir. Renoncans en cest fait les dittes parties de ca et de la par leur ditte foy a toutes et singulieres actions, excepcions decepcions, allegacions, raisons, graces, privileges et deffenses generaulx et speciaulx quelxconques, qui contre la teneur de ces presentes lettres de droit, ou de fait ou autres, porroient estre dittes obicees, alleguees, ou en aucune maniere proposees, et mesmement au droit disant general renonciacion non valoir, se lespecial nest precede, si comme le dit jurez auquel nous creons communement, nous a toutes ces choses rapportees estre vrayes ; a la relacion duquel, et en tesmoingt des choses dessus dittes, nous avons mis et appose le dit scel de la ditte comte de Sancerre en ces presentes lettres. Nous apppouvons ces mots en interlignement *avant*, *corporellement* et ces mots en raure *les dittes parties*. Donné le mardi apres la feste de la purificacion nostre dame, lan de grace mil trois cens quatre vins et cinq.

Signé : BUFFET, notaire, avec paraphe figurant un cadre rectangle ayant les prétentions d'un monogramme.

X

Acte par lequel Marion, veuve de Thevenin Le Fretat, demeurant à Trucy-sur-Yonne, abandonne à l'abbaye de Crisenon tous ses biens, consistant en immeubles situés en cette localité, sous conditions d'être reçus à titre de donnés dans ladite communauté. On devra lui administrer toutes les nécessités de la vie, et lui fournir notamment une chopine de vin par jour. Elle jouira d'une chambre bonne et honnête, selon son état, et gardera de ses meubles *toute sa drappeille, six escuelles et un pinte destin* avec une huche. Il lui sera fait en outre un anniversaire en l'église de Crisenon, pour lequel elle abandonnera un quartier de terre, séant au dit lieu de Trucy, lieu dit Chamont. Elle consent que tous ses biens soient vendus aux enchères par l'entremise du curé de Trucy, pour le prix en être appliqué aux réparations à faire à l'église de Crisenon. 1410, 28 avril. — (H. 1844.)

XI.

Acte par lequel Jeanne Le Moynat, demeurant à Prégilbert, femme séparée quant aux biens de son mari, se donne au monastère de Crisenon, elle et tous ses biens, sous condition d'y être logée, nourrie et entretenue, tant en santé qu'en maladie. Elle stipule qu'il lui sera donné par jour une chopine de vin, une chambre bonne et honnête suivant son état, avec un lit garni, six draps de lit, deux nappes, six écuelles et une pinte d'étain. En outre, moyennant rente annuelle et perpétuelle de 15 sous, elle aura droit à un anniversaire avec vigiles, chaque année, en l'église de Crisenon. (1412. — H. 1844).

A tous ceulx qui ces presentes lettres verront nous Seur Alissant de Talaye, par la permission divine, abbesse de leglise de Nostre Dame de Crisenon ou diocese daucerre et tous le convent de ce mesme lieu, salut en nostre seigneur. Saichent tuit que nous dun commun assentement, et pour ceste cause assemblees ensanble en nostre Chaspitre, pour le commun et evident prouffit de nous et de notre dicte eglise, disons que, comme Jehanne, femme Jehan le Moynat, demourant a pregilebert, separee du dict Moynat, son mary, quant aux biens, se soit donnee a nous, ait donne, quictie cede, cesse, resigne et delaisse, octroye et transporte a touiours mais, tous ses biens meubles, conquis, heritaiges, possessions et droiz quelxconques, en quelxconques lieux quilz soient situez et assis, et comment quilz soyent diz etre nommez ou appelez, pour et au prouffit de nous, humble abbesse et de nostre dicte eglise, plus a plain contenuz et declariez, es lectres de don sur ce faictes et confectionnees soubz le scel de Mailli le Chastel parmi ce que nous, abbesses et mes successeuresses, abbesses de la dicte eglise, serions tenues de soigner et administrer a la dicte Jehanne separee, durant sa vie et veue. Cest assavoir pour chascun jour une chopine de vin, avec manger, giste, vestir, chaussier, et toutes ces autres necessitez, bien et convenablement selon son estat. Et en oultre serions tenues de bailler et administrer a la dicte Jehanne, durant sa vie, pour son aysance, une chambre bonne et honneste, selon son dit estat, avec une huche et du meuble dicelle Jehanne ce qui s'enssuit. C'est assavoir : ung lit garni de couste, cuissin et couverture, six draps de lit, deux nappes, six ecuelles et une pinte destain. Et aussy, que pour la somme de 15 sols tournois de rente annuelle et perpetuelle, par la dicte Jehanne assise et assignee premiere et avant toute euvre, en et sur une maison, le courtil estant derriere la dicte maison, avec lappartenance dicelle, seant en la ville du dict pregilebert, et en nostre terre et justice, tenant a la maisure Jaquot Vivien dune part, et a la maison et courtel Jehannot Ruffin dautre part, de rechief, sur une piece de terre contenant demi arpent en ce lieu, tenant a la terre du dict Jehannot Ruffin dune part, et a la terre Guillaume Tunert dautre part, par icelle Jehanne a nous abbesse et convent donnee, pour et au prouffit de nous prieuse et convent du dict lieu de Crisenon, et laissiez pour son anniversaire faire chascun an perpetuelment en nostre dicte eglise, nous prieuse et convent, et nos successeresses prieuses et convent du dict lieu de Crisenon, serions tenues de faire dire, chanter chascun an perpetuelmont en nostre dicte eglise, ung anniversaire dune messe a notte ensemble vigiles de mors, pour le remede de lame dicelle Jehanne, de feux Jehannot Regnier et Guillemette sa femme, jadiz ses pere et mere, et le premier anniversaire faire dedens ung an prochain venant, a compter du jour de la datte de ces dictes lectres du dit don. Pour ce est il que aujourdhuy jour de la datte de ces presentes, en enterinant et accomplissant les choses dessus dictes, nous humble abbesse et nos successeresses, abbesses de la dicte eglise de Crisenon seront tenues et par la teneur de ces presentes, promectons de soigner, et administrer a icelle Jehanne separee du dit Jehannin le Moynat, son mary, durant sa dicte vie et veue, cest assavoir, pour chascun jour, une chopine de vin avec mangier, giste, vestir, chaussier et toutes autres necessitez bien et convenablement selon son estat, et en oultre de bailler et administrer a icelle Jehanne sa dicte vie durant, pour son aysance, une chambre bonne et honneste, selon son dict estat, avec une huche et du meuble dicelle Jehanne ce qui s'ensuit : Cest assavoir, ung lit garni de couste, cuissin et couverture, six draps de lit, deux nappes, six ecuelles et une pinte destain. Et pour les diz quinze sols tournois de rente annuelle et perpetuelle aussy par la dicte Jehanne a nous prieuse et couvent du dit lieu donnez et assignez, comme dit est, et laissiez pour son anniversaire faire chascun an perpetuelment, en notre dicte eglise, nous prieuse et convent et nos successeresses, prieuses et convent du dit lieu de Crisenon, estions tenues, et promectons par la teneur de ces presentes, faire dire chanter et celebrer, chascun an, perpetuelment, en nostre dicte eglise, ung anniversaire dune messe a notte ensemble vigiles de mors, pour le remede de lame dicelle Jehanne et de feux Jehannot Regnier et Guillemette sa femme, jadiz ses pere et mere, et le premier anniversaire faire par la maniere que dit est, dedens ung an prouchainement venant, à compter du jour de la datte de ces presentes. Lesquelles promesses et convenances dessus dictes, nous et nos successeresses, religieuses abbesse et convent dudit lieu de Crisenon, serons tenues, avons promis et par ces presentes, promettons en bonne foy, et sur le veu de nostre religion, et lieu et obligacion de tous les biens de nostre dicte eglise, lesquelx quant ad ce, nous avons soubmiz et soubmettons à la juridiction du roy nostre sire, et a toutes autres, de tenir et avoir ferme et estable, et aggreable a touz jours sans corrompre et sans venir encontre en la maniere dessus devisie. Et rendrons et restablirons, et promettons en bonne foy rendre et restablir, touz couz, perdicions, dommaiges interets et despens qui seroyent fais ou soustenus pour deffault de la dicte garantie non pourtee, et des autres convenances dessus dictes, ou daucunes dicelles non tenues et non acomplies, en la maniere dessus devisie. En tesmoing de laquelle chose nous avons scelle ces lectres de nos propres sceaulx desquelx nous usons, faictes et donnes le quinzieme jour du moys de novembre lan mil et quatre cens et douze. (Arch. de l'Yonne. — H. 1844).

XII

Acte par lequel André Louat, sa femme Alice et leurs enfants, Girard, Georges et Chrétien, se donnent en qualité d'oblats à l'abbaye de Reigny, eux et leurs biens, meubles ou immeubles, sauf une maison avec courtil, située à Bazarne, et un autre courtil situé à Vermenton en la terre du Roi. Ils se soumettent à l'obédience de l'abbé, qui de son côté s'engage à acquitter leurs dettes jusqu'à concurrence de 50 livres. (1451).

A tous ceulx qui verront ces presentes lettres, Guiart Mohon garde du scel de la prevoste de Betry de Vermenton et des appartenances, salut savoir faisons que par devant Estienne Berte, clerc tabellion du roy nostressire en la cour de la dicte prevoste, furent presens en leurs personnes Andrier Louat et Alixe sa femme. La dicte femme, suffisamment auctorisee du dict Andrier son mary, en la presence du dict jure les dicts mariez tant pour eulx comme pour Girard, George et Crestie leurs enfans, pour lesquelz ils se firent fors et prisons en main, considerent iceulx mariez la grant devocions, amour et affection qu'ils avoient et ont en lesglise de Nostre Dame de Reigny, voulans vivre solitairement, en paix et transquillite, et doresenavant employer leurs peines et labours au prouffit de la dicte esglise, pour ces causes et aultres justes et raisonnables a ce movant, lesdictz mariez comme ils disoient publiquement et en droit, recogneurent et confesserent pour eulx et pour leurs dictz enfans comme dit est, eulx estre donnez et renduz, et se donnent et rendent de fait avecques tous les biens, meubles et heritaiges quelconques ils ont a present, et quilz leur pourront eschevoir ou temps advenir, a la dicte esglise de Reigny, sans riens excepter ne retenir, reserves toutevoye une maison courtil en la terre de Baserne, tenant dune part a la maissure de Jehan de Vaulx d'Estais et a la maison courtil de Perrin Quincy; item uny courtil tenant au costel Estienne Garnier et daultre part a la maissure de Jehan de Vaulx d'Estais. Desqueulx biens ainsi donnes et une granche et appartenances dicelle, assise a Vermenton en la terre du roy nostre sire, tenant dune part au grant chemin commun, dun costel a une ruelle estant entre la dite granche et la maison Gaulthier Vivien, et par derrière au costel Thevenon Quincy, et aultres biens, cest assavoir les meubles des dictz conjoingtz mariez, ilz seront tenuz de les bailler en escript par declaracion devans dymenche prochain. Et en oultre, les ditz mariez se soubzmettront du tout a lobeissance et subiection, et a la correction et iuridiction espirituelle et temporelle de monsieur labbe du dict Reigny, pour les corriger et justicier, se mestier est commes ses bien subjectz et obeissans ainsi comme sont les religieux renduz de la dicte esglise. A ce présent et acceptant reverend pere en Dieu Damp Pierre, a present abbe et pastour de la dicte esglise, lequel en ce faisant promest et accorde, et sera tenu de bailler et amministrer ausdictz mariez et a leurs enfans, boire, manger vestir, chaucher et toutes les aultres necessitez, bien et convenablement selon leur estat. Et aussi sera tenu et a promis le dict monsieur labbe de acquiter les dictz mariez des debtes en quoy ilz pourroient estre tenuz envers leurs creanciers, jusques a la somme de cinquante livres tournois et au dessouz. Et par ces moyens les dictz mariez sont tenuz de faire et de procurer, et pourchasser de leurs pouvoirs le bien et prouffit, et garder lonneur de la dicte esglise et des religieux dicelle. Car ainsi a este accorde, volu et consenty des dictes parties par devant le dict jure present a ce, Thevenin Angost et Pierre Belleron. En tesmoing de laquelle chose nous, au rapport du dict jure, avons scelle ces lectres du dict scel de la dicte prevoste. Donne le vingt-quatriesme jour de février lan de grace mil quatre cens et cinquante et ung. (Arch. de l'Yonne. — H. 1569).

XIII

Jeanne Prot, veuve de feu honorable Claude Fouré de Chaource, considérant son âge vieil et caduc, et voulant finir ses jours auprès d'Anne Fouré, sa fille, religieuse au monastère de Notre-Dame des Anges d'Entrains, donne à ce monastère tous ses biens meubles et immeubles, à la charge d'y être nourrie, logée et entretenue sa vie durant. (1645. — H. 1795.)

Par devant Jehan Delarue clerc, nottaire jure au duche de Nivernois, resident à Entrain soubzsigne, comparut en personne honneste femme Jehanne Piot, vefve de feu honnorable homme Claude Foure, native de Cahours (1) en Champaigne, demeurant de present en ceste ville d'Entrain, laquelle considerant son age viel et caduq, et voullant finir ses jours aupres de Anne Foure sa fille, qui a pris nouvellement labit de nonne dans le monastere Nostre Dame des Anges de ce lieu, et ayant esgard au bienfaict quelle recoit par la reception de sa dite fille dans le dit monastere, et pour aultres causes a cela mouvant, a de sa pure et franche vollonte donné et donne irrevocablement et entre vif au dit monastere, tous et ungs chascuns ses biens tant presens que a advenir, meubles et immeubles de quelque nature et qualité quilz soient, et en quelque part quilz se trouveront assis indifferemment quelzconques, a quelque tiltre et en quelque sorte que ce soit quilz luy appartionnent, ou puissent appartenir cy apres, soit en plaine propriete, usufruit, que aultrement, sans en rien reserver ny excepter, pour en jouir par la dame abbesse du dit monastere et ses religieuses, et aultres qui survivront, et en disposer par elles comme de leur propre chose ainsy quelles verront, a la charge de suporter par elles les redebvances seigneuriales, a quoy les dits immeubles se trouveront subjectz, dacquitter les debtes de la dite donnataire et la nourrir et entre-

(1) C'est Chaource, arrondissement de Bar-sur-Seine (Aube). La seule commune du nom de Caours est dans le département de la Somme, arrondissement d'Abbeville.

tenir, selon sa condition dans ce lieu sa vie durant. soubz lesquelles considerations elle a subroge la dite dame abbesse et monastere de ses mesmes droicts, noms, raisons et actions mesmes, resiliations et recessions; et cest de sa presence desvestue et desaisie des dicts biens pour et au proffit du dit monastere, ce qui a este stipule et accepte par reverende dame sœur Marguerite Rebours, a present abbesse du dit monastere comparante aussy en personne, tant pour elle que pour ses religieuses a present, et pour les abbesses et religieuses futures du dit monastere; et a promis lexecution des charges cy-dessus, auxquelles la dite donnation a este faite. Et ont ensemblement lune et laultre pour linsinuation dudit don constitue le porteur des presentes auxquel elles ont donné pouvoir de la requérir, et faire faire en tous lieux et siege qu'il appartiendra, en le dit nom et a la dite requisition, car ainsy ils promettent obligeant renoncant. Faict a la grande grille du parlouer du couvent Nostre Dame des Anges ou la dicte dame abbesse cest trouvee pour leffect des presentes, ce dix-neufviesme aoust mil six cent trente neuf apres midy, es presence d'honorable homme et saige maistre Louis Raffin, advocat en parlement et juge ordinaire en la chastellenye du dit Entrain, et Estienne Contant sergent royal au bailliage d'Auxerre, tesmoings. Et a la dicte Piot declare ne scavoir signer de ce faire interpellez suivant lordonnance. La minutte des presentes est signee sœur Marguerite Rebours, humble abbesse, L. Raffin, E. Contant et de moy, jure sus dict et soubzsigne, qui a dellivre la presente coppie a la dicte dame abbesse par ordonnance de justice, ce troisiesme septembre mil six cent quarante cinq.

Signé : Delarue, avec paraphe.

XIV

Traité d'admission du sieur Christophe Maulverny, bourgeois de Paris, et ci-devant greffier en l'élection de Nemours, en qualité de donné en l'abbaye de Pontigny, aux conditions suivantes : 1° Il sera nourri, logé, chauffé et entretenu, lui et son valet, sa vie durant. Et l'abbé, s'il l'a pour agréable, l'hébergera à sa table ; 2° il paiera le médecin et l'apothicaire ; 3° son logement sera composé de deux chambres, un cabinet et quelques salles, qu'il réparera, meublera et embellira à ses frais et dépens ; 4° il apportera tout le linge nécessaire pour lui et son valet ; 5° l'abbaye lui fournira tous les matériaux nécessaires pour les embellissements de son logis ; 6° le sieur Maulverny se réserve le droit de chasse sur les propriétés de l'abbaye. Moyennant quoi, le dit Maulverny versera une somme de cinq mille livres tournois, qui sera employée à dégrever certains biens engagés par l'abbé des revenus desquels il jouira sa vie durant. A son décès, les religieux célèbreront un service solennel ainsi qu'un annuel à perpétuité (1665. H. 1414.)

A tous ceulx qui ces présentes lettres verront, scalut, scavoir faisons que par devant Toussainctz Crochot, clerc nottaire et tabellion jurez, soubz le scel du bailliage et viconté de Ligny-le-Chastel resident à Pontigny furent presens en leurs personnes illustrissime et reverendissime pere en Dieu, messire Louis Marteau, docteur en theologye de la faculté de Paris, abbe de Pontigny, et reverendissime pere en Dieu Jacques Lavarandes, bachellier en theologie de la ditte faculté de Paris, prieur du dit Pontigny, dom Gaspard Piat Scellerier, dom Jehan Babeau, dom Anthoine Guyard, dom Berthellemy Prevost, dom Estienne Marguenat, dom Nicolas Joccondi, dom Gaspard Flamant, dom François Collet, dom Pierre Grandsons prieur, dom Vincent Jalousot, dom Claude Faulquier, dom Gerard Brisset tous relligieux prestres proffaix de la ditte abbaye y demeurant, lesquels cappittulairement assemblés au son de la cloche a la maniere acoustumee, dune part, et Christoffe Maulverny, bourgeois de Paris, cy devant greffier en lelection de Nemours, daultre part, lesquelles partyes dissoictz, mesme, le dit sieur Maulverny, qu'ayant faict dessain de ce retirer en quelque maison de piették pour y servy Dieu au mieux quy luy sera possible le reste de ces jours, elloigné du tumulte du monde, il auroit faict choix de la ditte abbaye, ou par le bonne exemple de vie, du dit seigneur abbé et des dictz sieurs religieux, il puisse opperer son scalut. A cest effect asistez, du secour divin, et cestant adressé au dict seigneur abbé et sieurs religieux, il leurs auroient faict entendre ceste sienne pieulse intention, iceux priés et requis d'y voulloir concourir, le recebvant en la ditte abbaye, pour y estre logé et norye sa vie durend, avec un valete mesme le dict seigneur abbé de luy donner sa table, cil a agreable, laberger, trester, blanchy, chauffer et luy fournir tous les alliments corporelz, mesme de la chandelle et a son dict vallet, tant ensantez que mallade, comme les dictz sieurs relligieux, exceptez le medecin et apothiquaire, et luy acorder la liberté de la chasse, et pour sa demeure deux chambres, un cabinet et quelques scalles quil meublera a ces frais et despens, offrans le fournir de tout linge a son ussages et dhabits et a son dict vallet. Et de reparer, basty et embeslly les dittes chambres, pour sa demeure, sa vie durent, sans quil en puisse estre expulsé, pour lesquelles reparations bastiment et embellissement luy sera fourny sur les lieux de la chaux, thuille, careau, boys, pierre et sables et aultres materaux necessaires. Et moyennant ce, le dict Maulverny leurs auroit offert, pour nestre pas a charge a la ditte abbaye, de leur donner par forme de dot la somme de cinq mille livres tournois quy les pryes d'agreer. A quoy les dits seigneur abbé et relligieux cestant acorde, ilz ont faict et font le tresté quil sensuyt, scavoir que, agreans la priere, supplication et offre du dict sieur Maulverny, ilz ont icelluy sieur Maulverny admis et admecttent a la participation de leurs prieres, suffrages et ausmones et bonnes euvres, se sont obligez et sobligent a le norir sa vie durend, avec un vallet, mesmes le dict seigneur abbé de donner sa table au dict sieur Maulverny, leberger, trester, chauffer, blanchy et luy fourny de la chandelle, et tous les allimens corporelle et a son dict vallet, tant en santé que malade, hors le medecin et apothiquaire, luy ont mesme acordé la liberté de la chasse sur leurs terres, et pour sa demeure et habittation les deux chambres quy sont sur la porte de la maison abassialle, avec la gallerye, ou celle quy sçuit du costé du septentrion qui sert presentement de grenier, quii meublera a ces frais et despans, et le fournira de tous linge et dhabys, de bastir, reparer et embellyr les dittes chambres et gallerye pourquoy il luy sera fournye sur les lieux de la chaux, thuille, careau, boys et sable et aultres mattheraux qui se trouveront dans la ditte abbaye ou dans les boys dicelle ; luy ont aussy permis et donner plain pouvoir, puissance et authoritté dagir soubz leurs noms et faire toutes poursuittes necessaires pour restirer ces deniers et a ces frais et despans les prey, terres, veignes, prés et boys, sencives, baux ensuitte et antique droictz de riviere, dismes, champs part et aultres droictz engagés par le dict seigneur abbé, ces predecesseurs et religieux, ou quy ont esté sur eux usurpes par les particulliers quil trouvera mieux a sa bienséanlce et comoditté, pour jouy par le dit scieur Maulverny sa vie durend, du revenu des choses quil rembourcera, quil fera juger ou quil retirera par ces soing et solicitations, et en faire comme de ses propres, sa ditte vie durend, et apres estre renvoye a la ditte abbaye. Et encore a esté acordé par le dict seigneur abbé et religieux au dict sieur Maulverny, que quand il ce voudra retirer de la ditte abbaye pour quelque incomoditté, a caulse de lhaire ou auttrement, il luy sera permis, et en ce cas quil luy sera fournye par le dict seigneur abbé et religieux, une pention viager de trois cent cinquante livres en la ville de Paris, au domicile qui sera elleu par le dict sieur Maulverny, laquelle sera payable par les quatre quartiers de lannée et par advance ; a quoy les dictz seigneur abbé et religieux se sont soubmiz et obligé ; et neanmoings cy le dict Maulverny retireroit des terres ou aultres droictz cy dessus speciffiés, quil montassent jusques a la ditte somme de trois cent cinquante livres, le dict Maulverny ce rettirant de la ditte abbaye ne pouroit prettendre la pention des dictz trois cent cinquante livres, a la reserve des veignes d'Auxer desquelles il jouira en tout estat sa vie durend, au cas quil fasse le ranbourcement de lallienation. Et encorre le dict seigneur abbé et religieux promet au dict sieur Maulverny de faire en services solennelles le jour de son decedz et de celebrer le dict jour, toutes les choses pour le reppos de son ame, et de celebrer un annuelle, et quil sera mis un tablau a la sacristye, ou il sera escript de sutz : *vous este priés de vous souvenyr de recomander a Dieu un sainct sacriffice de la messe lame du pauvre Maulverny.* Et pour surette de la ditte dotte ont les dictz seigneur, abbé et religieux dict et desclaré quils veullent que la ditte somme de cinq mille livres soict enployée au payement des debtes de la ditte abbaye, scavoir au sieur de la Bocatelle ou auttres, ayant ces droictz, la somme de mille livres restant a payer de quatre mille livres, au sieur Michelin procureur, de trois mille livres scavoir huit centz livres en principal, et le surplus pour les areragés et frais, sy tant le montant, a la vefve Oudot tapissiere demeurant a Troies, de deux centz livres, au sieur Gourdon marchand d'Auxer, six centz livres, au sieur Le Muet marchand a Auxer, quatre centz livres, a la vefve Berny et sieur Collin son gendre, marchand, demeurant a Paris, cinq centz livres, au sieur Curé de Vergigny, six centz livres, et au sieur Vildonné procureur en Parlement a Paris, six centz livres, revenant la ditte somme a la ditte premiere de cinq mille livres, lesquelles sommes seront payées a la descharge de la ditte abbaye par le dict sieur Maulverny dans un moys, pour faire lesquelz payements le dict Maulverny acompagnera un des dictz sieurs religieux. Les frais desquels payements seront faict aux despans des dictz seigneur abbé et religieux, consentant quil soict faict mention sur le present contract des dict payements pour la descharge du dict sieur Maulverny, car ainsy a esté acordé entre les dictes partyes sy comme promettant, obligeant et renonceant. Se faict et passé au dict Pontigny, en la maison abbattiale du dict Pontigny, le dixseptiesme jour du mois doctobre mil six cent soixante cinq, es presence de Jacques Salmon escuier, sieur de Sainte-Anne exempt des corps du garde du Roy, demeurant a Courtenay, et honorables hommes Edme Julliot et Jacques Barault, demeurant au dict Pontigny tesmoingts, les rattures apreuvées. La minutte est signe du dict seigneur abbé et religieux, du dict sieur Maulverny, des tesmoings et de moy nottaire soubsigné.

Signé : T. Crochot, avec paraphe.

(Arch. de l'Yonne. — H. 1414. 1 pièce parchemin.)

XV

Donation de sa personne et de tous ses biens faite par la veuve de Jean Marcelat, ancien avocat du roi au bailliage de Sens aux Annonciades ou Filles Bleues de cette ville. Les conditions sont les suivantes : 1° la dite dame, étant d'une faible complexion, ne sera point astreinte à la règle et pourra néanmoins participer à tous les exercices spirituels, pénétrer dans le chœur de l'église, dans le cloître et leurs autres retraites particulières; 2° elle sera logée, vêtue, nourrie et chauffée aux dépens du monastère, et elle aura avec elle, tant de jour que de nuit, une sœur converse pour la soulager dans ses besoins et nécessités ; 3° en cas de maladie, le nombre des sœurs converses sera porté à deux, et leur récompense sera à la charge des religieuses ; 4° qu'on entretiendra un feu tant de jour que de nuit dans sa chambre, et qu'aux croisées de la dite chambre, il sera mis doubles chassis ou panneaux de vitres, avec des écrans ou paravents de toiles aux portes ; 5° qu'elles paieront les frais de médecins et d'apothicaires ; 6° que lorsque la donatrice ne pourra assister au service ordinaire du couvent, il lui sera dit une messe pour elle seule et que l'on continuera un an après son décès, etc., etc. (1671. — H. 951).

Par devant le notaire garde notte du Roy nostre sire, en la ville et baillage de Sens, soubzsigné, en presence des tesmoings cy apres nommez; est comparue en personne damoiselle Marie Meresse, veufve de feu noble homme Me Jean Marcelat, vivant coseiller et ancien advocat du roy au dit baillage et présidial du dit Sens, laquelle a déclaré que depuis le decedz du dit feu sieur Marcelat, son tres cher et honore mary, ayant meurement et serrieusement faict reffiection aux grandes obligations quelle avoit au couvent des reverendes religieuses de l'Annonciade, dites les Celestes ou Filles Bleuz, establies en la dite ville de Sens, en considération desquelles le dit feu sieur Marcelat pour tesmoigner a son egard ses reconnoissances envers le dit couvent, auroit fait les dites dames religieuses ses legattaires universelles par son testament olographe du unziesme avril mil six cent cinquante neuf, et codicille confirmatif diceluy du vingt sixiesme novembre mil six cent soixante un, dont elles n'ont eu jusques a present aucunes jouissances, quoy quelles ayent supporté de grandes charges speciffiées par le sus dit testament et codicille, au moyen du don mutuel faict par le dict deffunct sieur Marcelat et la dite damoiselle Meresse, qui a tousjours jouy de leffet du dit don mutuel, duquel elle declare quelle se depporte en faveur des dites dames religieuses, et consent et accorde quelles puissent des a present se mettre en jouissance et possession des choses a elles leguées par le dit deffunct son mary. Et ne voulant pas moings tesmoigner que luy de gratitudes et de reconnoissance aux dites dames religieuses, elle avoit cy devant faict son testament en datte du huitiesme janvier mil six cens soixante et codicilles des neuf juillet mil six cens soixante trois et quinziesme juillet mil six cens soixante six, par lesquels elle les faict ses legataires universelles, mais comme les sus dits legtz ont esté jusqu'a present infructueux aus dites dames religieuses, et trop peu considerables pour tous les bons offices qu'elles ont rendu a diverses fois au dict deffunct sieur Marcelat, que pour ceux quelle a receus depuis son decedz, et des assistances continuelles qu'elle en reçoit journellement, pour ces considerations et pour tesmoignage de l'amour et bonne volonté qu'elle a pour les dites dames religieuses, elle leur fait par ces presentes donnation pure et simple irrevocable et entre vifz, generallement de tous ses biens tant meubles qu'immeubles qu'elle a et possede a present, en quelque lieu et coustume quils soient seituez, supliant tres humblement les dites dames de vouloir agreer la presente donnation, comme si sestoit chose de plus grande valeur, declarant qu'elle consent que les dites dames religieuses des maintenant puissent entrer et se mettre en jouissance et possession de tous les biens, tant meubles qu'immeubles appartenans a la dite damoiselle donatrice, quelque part et lieu qu'ils puissent estre scituez, comme si plus au long et plus particulierement ils estoient speciffiez, de la propriété et jouissance desquels elle se desvetit et despouille des a present en leur faveur, sans pouvoir neantmoings changer aucuns baux qui seront continuez pour ce qui restera a exploiter, aux charges et conditions toutes fois cy apres declarées, cest a scavoir que la dite damoiselle Meresse n'estant pas d'une complection assez forte et robuste pour pouvoir supporter les reigles de la religion des dites dames, pour entrer et estre admise dans leur sainte communauté pour faire profession de religieuse, elle ne laissera pas d'estre admise au dit couvent, soubs le bon plaisir de monseigneur larchevesque de Sens, pour y estre logée, nourie et entretenue, tant en santé que maladie, aux despens des dites religieuses, et vivre, converser et mourir avec elles, et participper aux merites de leurs prieres. Quelle aura la liberté d'entrer dans tous leurs exercices spirituels, soit du cœur de leur eglise, cloistre, que de leurs retraites particullières, pour pouvoir demander a Dieu la grace de sa saincte misericorde et obtenir le pardon et remission de ses fautes ; que la dite damoiselle, pendant le temps de sa santé et convalescence, aura tousjours avec elle, tant de jour que de nuit, une sœur converse ou servante au choix des dites religieuses, pour la servir et soulager en tous ses besoings et necessistez ; que lorsqu'elle tombera malade et en infirmité, les dites dames religieuses seront tenues de luy donner deux sœurs converses ou servantes comme cy dessus, a leur choix, pour la mieux soigner et soulager en ses necessistez, desquelles converses ou servantes elles seront tenues de nourir et recompenser honnestement. Outre ce, les dites dames religieuses seront encorre tenues d'entretenir un feu tant de jour que de nuict dans la chambre de la dite damoiselle donatrice, tant en hivert qu'en esté, et toutes fois quand bon luy semblera, ayant peyne de s'en passer, a laquelle chambre et aux croisées d'icelle il sera mis double chassis ou panneaux de vitres, avec des contreventz et des escrans ou paravants de serge ou thoilles aux portes de la dite chambre ; et de plus payeront les dites dames religieuses tous les frais du conseil, des medecins, apoticaires et chirurgiens de la dite damoiselle donnatrice a laquelle elles seront tenues par chascun jour, lors qu'elle ne pourra assister au service ordinaire de leur eglise, dy faire dire et celebrer une messe a lheure a laquelle elle poura plus commodement y assister, laquelle messe sera continuée apres le decedz de la dite damoiselle un an durant, pour le repos de son ame, suivant et conformement aux codicilles des neuf juillet mil six cens soixante six passée par la dite damoiselle donnatrice par devant le notaire soubzsigné, au contenu desquels ensemble du testament de la donnatrice, du huitiesme janvier mil six cens soixante, aux modifications portées par les sus dictz codicilles des années mil six cens soixante trois et soixante-six, les dites dames religieuses seront tenues de satisfaire entierement, a l'exeption seulement qu'au lieu de la somme de trente livres, léguée par le sus dit testament a sa servante, la dite somme sera payee à la touriere de dehors du couvent des dites religieuses, et la somme de cent livres tz a chascune des sœurs converses du dit couvent, pour leurs petites necessistez et pour recompense des soings quils auront eu de la dite damoiselle donnatrice, laquelle a encore chargé les dites dames religieuses de loger et nourir Anne Meresse, veufve de deffunct Jean Lebrun sa niepce, tant et si longtemps qu'elle sera en viduité, pourveu que la dite Anne Meresse se veulle retirer dans une chambre de dehors du dit couvent et non autrement et en rendant par sa dite niepce les petitz services dont elle poura estre capable. Ce qui a esté accepté par noble homme maistre Estienne Valentin Jamard, conseiller du Roy et grenetier du grenier a scel de Sens, present en personne ; lequel stipulant pour les dites dames religieuses a accepté la presente donnation avec actions de grâces de leur part, promettant leur faire agréer, ratiffier et accepter la sus dite donnation, laquelle ladite damoiselle Meresse veult et entend sortir son plein et entier effet sans esperance de la pouvoir revocquer pour quelques cause et occasion que ce puisse estre, a leffect de quoy, pour insinuer icelle partout ou besoing sera, elle a par ces presentes constitué son procureur général et spécial le porteur des dites presentes, etc.

Faict et passé à Sens en lestude du dit notaire, le septiesme jour du mois de decembre mil six cens soixante unze apres midy, en presence de honnorable homme Pierre Foacier, marchand tanneur demeurant au dit Sens, et Anthoine Delamare, praticien demeurant au dit Sens, tesmoings qui ont avec la dite damoiselle Marcelat et le dit sieur Jamard signé sur la minutte des presentes avec le dit notaire soubzsigné suivant l'ordonnance.

Signé : Bollogne, notaire, avec paraphe.

Suivent : l'acte de ratification de la dite donation par les Dames religieuses Annonciades capitulairement assemblées, et le consentement et approbation du dit contrat de donation par l'archevêque de Sens, de Gondrin.

XVI

Supplique d'Edmée Rapin à la supérieure de l'abbaye de Saint-Julien pour être admise en sa maison en qualité d'associée domestique, où elle sert déjà depuis longtemps. Moyennant quoi, elle offre d'abandonner les gages qui lui sont dûs. — Acte capitulaire où il est décidé d'accepter la demande d'Aymée Rapin, qui renonce à ses gages. — Acte d'association où il est constaté qu'elle servait le monastère depuis près de 14 ans. — Elle peut d'ailleurs encore rendre des services. — (1690. — H. 1674.)

XVII

Les frères Morillon, marchands demeurant à Villeneuve-l'Archevêque, se donnent, eux et tous leurs biens, montant à la somme de huit mille livres, à l'abbaye de Vauluisant, se soumettant aux vœux d'obéissance, abstinence de viande, continence et à la correction de leurs supérieurs. Si, après avoir versé les huit mille livres entre les mains de l'abbé, il leur reste encore quelque chose, ils pourront en disposer dans les trois mois, jusqu'à concurrence de 500 livres. (1691. — 784.)

Furent presens en leurs personnes Don Charles Berault, prestre religieux, profest et prieur de l'abbaye de nostre dame de Vauluisant, de lestroite observance de l'ordre de Siteaux, diocèse de Sens, Don Benoist Guyot, sous prieur, etc... tous religieux de la ditte abbaye, y demeurant, d'une part.

Et honnorable homme Nicolas Morillon et Noël Morillon, son frere, marchands demeurans a Villeneufve l'Archevesque, pour eux, d'autre part.

Lesquels sieurs Morillon, de leurs pleins grez et franches volontéz, ont dit et declaré, recognu et confessé qu'apres avoir faict une serieuze reflection sur l'importance qu'il y a de faire leur salut, la difficulté qui se trouve dans le monde et la facilité qui se rencontre dans la religion, mesme dans la condition d'oblat, *ou donné quoy qu'on demeure dans lhabit seculier et qu'on ne soit point obligé aux exercices de religion par aucun vœu spécial*, neantmoins estans desambarassez des soings et inquietudes du monde, esloignez des occasions du péché, l'on est puissamment exité a faire le bien et operer son salut, par quantité de bonnes instructions, lectures et edifications. A quoy lon nest pas peu aydé par la participation que l'on a, a touttes les prieres et bonnes œuvres qui se font dans le monastaire pendant la vie et apres la mort ; et apres avoir sur touttes les dites choses longtemps et bien meurement deliberé et en ayant une plaine et entiere cognoissance ils se sont enfin resolus et determinez d'embrasser autant qu'a eux est, le dit estat et condition d'oblat, se donner et se donnent par ces presantes, pour le reste de leurs jours, au service de Dieu et de la sacree Vierge Marie, mère de Dieu, en la dite abbaye de Vauluisant dont elle est la particuliere advocate, patrone et protectrice, et pour cet effet, par le present contrat, ils se donnent et vouent corps et biens tant presens qu'à venir en la manière que dit est, consistant leur dit bien tant en argent monnoyé, meubles meublans, marchandises et grains, qu'immeubles, en la somme de huit mil livres, sans aucune reserve faire par les dits sieurs Morillon, suplians tres humblement les dits reverans pere prieur de Vauluisant et la communauté de la dite abbaye, qu'il leur plaise agreer et accepter leurs presantes oblations et donnations, les recevans pour le reste de leurs jours en la dite qualité et condition d'oblats et donnez, promettans et sobligeans de ne rien posseder sans la permission du reverand pere prieur, ny faire leurs proffits particuliers d'aucune chose que ce soit, sinon qu'apres avoir fourny et delivré aux dits sieurs religieux de Vauluisant les effaits cy dessus mentionnez tant en argent qu'autrement, s'il reste encore quelque chose aux dits sieurs Morillon, il leur sera permis d'en disposer envers qui bon leur semblera dans trois mois, jusques a la concurance de la dite somme de cinq cens livres seulement, d'avoir un grand soing de tout ce qui concerne l'utilité du monastaire, ne laissant perdre ny desperir la moindre chose par leur faulte, n'employans rien mal a propos, evitans toutes superfluitez et depences inutilles, s'obligent en outre de garder une perpetuelle continance de chasteté, comme aussy l'abstinance de viande dans le monastaire et lieux circonvoisins, sans en pouvoir manger dehors ny dedans, que par la permission du superieur aux ordres duquel ils seront entierement soubsmis et obeisans, s'employans de toutles leurs forces a tous les exercices et ouvrages auxquels il les voudra comettre, n'entreprenant aucune chose sans son consentement. Quand ils manqueront a leurs debvoirs, ils se soubsmettent a ses punitions et corections, et de s'adonner de plus en plus a la devotipn et pieté, et generallement de garder et observer tout ce que les oblats ou freres donnez ont accoustumé et sont tenus de garder et observer sans pouvoir jamais quitter la dite condition d'oblats et donnez, en telle sorte que le cas arrivant (ce qu'a Dieu ne plaise) quils sortissent contre le gré du superieur de la dite abbaye, ils veullent et consentent qu'il soit loisible au dit superieur de les repeter faire, prendre et apprehender en quelques lieux quils soient. A esté neantmoins accordé entre les parties que si dans la suitte des temps, ils vouloient expulser du dit monastaire les dits donnez et oblats sans cause legitime, pour lors les dicts sieurs religieux seront tenus et obligez de rendre et restituer aux dicts donnez et oblats la dite somme de huit mil livres, leur maison en bon et suffisant estat et tous les meubles qui sont a leurs usages seulement. Et en oultre s'oblige la dicte communauté de faire celebrer dans l'esglise du dict Vauluisant a perpetuité un service solennel des deffuncts tous les ans le troisiesme jour de febvrier, pour le repos des ames de leurs ancestres et pour eux apres leur mort. Et les dicts sieurs religieux, prieur et couvent du dict Vauluisant ont pareillement dict et declaré, recognu et confessé qu'apres avoir aussy entre eux murement desliberé sur la priere et suplication des dicts sieurs Morillon qu'ils leur ont faictte et reiterée par plusieurs fois, desirans contribuer a leurs pieux desirs, ils ont résolu et determiné de consantir et accorder, comme par effet par ces presantes ils consentent, accordent et recoivent les sus dictes prieres, oblations et donnations faictes par les dits sieurs Morillon, soubz les charges et conditions y mantionnees, les admetans et recevans des a present a la dicte condition d'oblats de la dicte abbaye de Vauluisant, les faisans participans des oraisons, prieres et bonnes œuvres qui s'y font jours et nuits, avec promesse et assurance qu'apres leur trepas, on leur rendra les debvoirs qu'on est obligé de rendre aux religieux de la dicte maison, et que leur vie durant, on leur fournira charitablement tous leurs besoings et necessitez tant spirituelles que corporelles, les nourissans comme les religieux suivant l'usage ordinaire de la dicte communauté, en santé et malades, sans qu'ils puissent jamais estre mis dehors de la dicte abbaye en facon quelconque, si ce nest quils vinsent (ce qu'a Dieu ne plaise) a se rendre incorigibles ou tomber en crime enorme comme sont meurtre, larresin, paillardise et autres semblables forfaicts, qu'on appelle comunement criminels et capitaux, reiterez et desja corigez une ou deux fois. Si neantmoins le crime estoit si scandaleux et public que la dicte communauté en fut scandalisée et deshonorée, en tel cas, ils pouroient estre mis dehors dez la premiere fois, apres avoir esté suffisamment convincus, sans pouvoir pretandre ny esperer aucuns salaires pour le temps qu'ils pouroient demeurer dans la dicte maison, a laquelle condition et a touttes les autres cy dessus exprimées les dicts sieurs Nicolas et Noel Morillon se sont derechef soubsmis et obligez mesme par serment sur les saintes Evangilles. Promettant les dictes parties respectivement tenir et effectuer toutes les charges et conditions cy dessus dittes, chacune en ce qui les touche, soubz peyne de tous et ungs chacuns leurs biens, renonceant a touttes choses contraires à ces présentes. Fait et passé en l'abbaye de Vauluisant, le 26 octobre 1691, signé des religieux et des frères Morillon.

XVIII

Acte d'association, en qualité de domestique perpétuelle, au monastère de Saint Julien, et sans qu'elle soit tenue à l'observance aux règles ni à l'abstinence, d'Edmée Beaufumé, que les religieuses se chargent de loger, nourrir et entretenir, sa vie durant, dans quelque état de santé qu'elle se trouve. Moyennant quoi la dite Beaufumé s'engage à obéir en tout ce qui lui sera commandé pour le service de la communauté, à laquelle elle fait don en outre d'une somme de six cents livres en numéraire. (1694. — H. 1674).

XIX

Acte par lequel dame Nicole Moricard, désirant depuis longtemps se retirer « dans quelque communauté religieuse en qualité de pentionnaire « perpétuelle, pour y demeurer le reste de ses jours, et avoir par ce « moyen plus donations et facillitez de travailler à son salut, et apres « avoir en elle-mesme examiné plusieurs communautez et maisons reli- « gieuses, elle a cru que celle de l'abbaye royalle Notre-Dame de Sainct « Jullien les Auxerre est celle qui luy convient le plus » etc. En conséquence, l'abbesse Marie Ambroise de Bolé de Champlay, assistée de ses religieuses, après information sur sa foi et ses mœurs et mûre délibération, l'admettent dans leur communauté en qualité d'associée et de pensionnaire perpétuelle. En reconnaissance, la dite Nicole Moricard fait les donations suivantes : savoir une rente annuelle de 30 livres constituée sur le couvent des Carmes de Paris, rachetable au capital de 600 livres, plus une rente de 57 livres, 4 sols et 13 deniers sur la prévôté de Paris, rachetable au capital de 800 livres, 19 sols, et une troisième de 61 livres rachetable au capital de 854 livres, constituée sur la dite prévôté. De toutes ses rentes, elle entend garder l'usufruit sa vie durant. Capital et intérêts iront à la communauté après sa mort. Moyennant quoi, l'abbaye de Saint-Julien sera tenue de la loger et nourrir honnêtement, à sa mort de la faire ensevelir comme les sœurs converses, de faire célébrer pour elle les services ordinaires, tant à l'obit qu'au bout de l'an. La dite associée reste chargée de son entretien, et devra payer par quartiers pour sa nourriture et son logement 100 livres de pension. Toutefois, la dame Moricard pourra faire chaque année un voyage à Paris pour régler ses affaires, et sa pension sera diminuée du nombre de jours qu'elle sera absente. — (H. 1674.)

XX

Acte par lequel Anne Fleury, veuve de Jean Siredey, avocat à la cour de Parlement, se donne à l'abbaye de Saint-Julien d'Auxerre en qualité d'associée et tourière perpétuelle pour le dehors, sans qu'elle soit tenue à l'observance des règles, ni à l'abstinence. Les religieuses de l'abbaye lui promettant de la nourrir, loger et entretenir, sa vie durant, tant en santé qu'en maladie. Elle, de son côté, jure obéissance aux dites dames, et leur apporte une dot de 400 livres qui appartiendra à la dite abbaye, durant sa vie et après sa mort. (1695. — H. 1674).

Par devant Jacques Chardon, notaire royal à Auxerre, soussigné, le dix septiesme jour de décembre mil six cens quatre vingt quatorze après midy, furent présentes Madame Marie Ambroise de Bolé de Champlay, abbesse de l'abbaye royalle Notre Dame de Saint-Julien lès Auxerre, etc. d'une part.

En conséquence de leurs libération capitulaire tenue le unziesme octobre dernier et damoiselle Anne Fleury, vesve de noble Jean Siredey, vivant advocat à la cour quand il vivoit, demeurant a Chatillon sur Seyne, d'autre part.

Lesquelles parties respectivement et chacune delles a leur egard ont promis et se sont obligées à ce qui suit, savoir : que la ditte damoiselle Fleury a supplié la ditte dame abbesse et les dittes dames religieuses de la recevoir dans leur communauté en qualité d'associée tourière pour le dehors et perpetuelle, sans qu'elle soit tenue à l'observance des reigles de l'ordre, ny a l'abstinence qui y est gardée que celles commandées par leglise lesquelles luy ont accordée, et de plus s'obligent les dittes dames, abbesse et religieuses de la gardée et retenir durant le cours de sa vie, tant en etat de senté quen celuy de maladie, la norir, allimenter et entretenir bien et honnestement, luy fournir logement, lit, linge, ses habillements, suivant sa condition et generallement luy administrer touttes choses qui pouront luy estre necessaires en quelque estat quelle se treuve reduitte jusques a son deceds; moyenant quoy, la ditte damoiselle Fleury sera tenue d'obéir en tout ce qui luy sera commendé par les dittes dames pour le service de leur ditte communauté, sans que pour cause d'infirmité maladie ny pour que autre cause et pretexte que ce soit les dittes dames abbesse et religieuses puissent mettre la ditte damoiselle Fleury hors de leur maison, ny la contraindre ou obliger d'en sortir, ayant esté ainsy expressement convenue ; et en outre cy devant a payé aux dittes dames abbesse et religieuses la somme de quatre cens livres qu'elles ont receües, dont elles se contentent, laquelle somme de quatre cens livres appartiendra comme des a present elle appartient, en toutte propriété, aux dittes dames abbesse et religieuses, sans aucune répétition, pendant la vie ny apres la mort de la ditte dame Fleury, par elle ni par ces heritiers, promettant, etc., obligeant, etc., renonceant, etc. Fait au parloir des dittes dames, devant les dits notaires. La minutte est signée des dittes parties et des nottaires soussignez, demeuré a Chardon, l'un diceux, qui a fait controller icelle. Signé : CHARDON, avec paraphe.

XXI.

Jean Boismaigre, officier vétéran, demeurant au Pecq, déclare vouloir entrer à l'abbaye de Pontigny pour y finir ses jours, et travailler à son salut. La communauté lui fournira toutes ses nécessités spirituelles et temporelles, lui donnera une chambre à feu, qu'il meublera à ses frais et réparera de même, ou donnera soixante livres pour la réparer. Le linge, le vêtement et la chaussure seront à sa charge. Moyennant quoi, le dit Boismaigre, attendu son grand âge et sa caducité, offre à l'abbaye une dot de deux mille livres. Et si sa chambre n'a pas besoin de réparations, les 60 l. qu'il voulait y consacrer seront employées à meubler et réparer l'infirmerie. De plus, le dit Boismaigre, qui a été associé à toutes les bonnes œuvres, tant spirituelles que temporelles de l'abbaye, désire être employé à son service autant que ses forces et son âge le lui permettront (1698. — 1414).

Par devant le nottaire du bailliage et vicomtez de Ligny le Chastel, residant a Pontigny et tesmoingts soubzsignez, le trantiesme jour du moys de may mil six cent quatre vingt dix huit, au lieu de Pontigny, avant midye, comparurent en leur personne reverendissime pere en dieu, Oronce finée Brianville, abbé de Pontigny, premier pere et supérieur majeur de lordre de Cisteau, tant pour luy que comme fondez de procuration des venerables religieux, prieur et convant de sa ditte abbeye, passee pardevant le nottaire soubzsignez, en datte du sept mars de la presante année, controllée a Ligny le mesme jour, laquel est demeurez anexée au presant dune part, et le sieur Jean Boismaigre, officier veterand du Roy, demeurant a Pec pres de Saint Germain en Lhays, daultre part, lesquelle partie disoit mesme le dit sieur Boismaigre quayant fait desain de ce retirer en quelque maison de pietez pour y servir dieu du mieux quil luy sera possibles le reste de ces jours, eloignez du tumulte du monde, il auroit fait choix de la ditte abbeye de Pontigny ou, par le bon exemple et vye du dit seigneur abbez et religieux, il puisse plus fasilement operer son salut. A ceste effait assistez du secours divin et sestant adressé au dit seigneur abbé et religieux, il leurs auroit fait entandre ceste cienne pieulse intantion, yceux priez et humblement requis de voulloir y aquiesser, le recepvant en la dite abbeye pour y estre logez et nory sa vye durant ainsye quun religieux, laberger, traiter, blanchir et fournir tous les alimant corporel et spirituel, tant en santez que en maladie, mesme luy fournir boys et chandelle avecq une chambre a feu qu'il meublera a ses frais et reparera, ou donnera pour la dite reparation soixante livres, offrans ce fournir de linge a son usage et dhaby, solliers et generalement tout ce qui sera necessaire a lentretien exterieur de sa personne, hors la noriture, et moyennant ce, le dit sieur Boismaigre leur auroit offert, attandue son grand aage et caducittez, de leur donner par forme de dot la somme de deux mil livrès quil leur prye dagreer. A quoy le dit seigneur abbé, fondee comme dit est, cest acordez. Ilz ont fait le traiter quil sansuit, scavoir que agreant la pieusse suplication des offre du dit sieur Boismaigre il a, icelluy Boymaigre, asocié et asocye a la dite abbey, admis et admet a la participation de leur prier, sufrages, ausmones et bonne euvre, cest obligee et soblige de le norir sa vye durant, leberger, traiter, chauffer, blanchir, luy fournir de la chandelle et tous allimant necessaire tant en santez que en maladye, luy a mesme acordez une chambre a feu, que le dit sieur Boymaigre meublera a ces frais de meubles convenables, et le jour du deceds du sieur Boysmaigre de faire celebrer autant de messe qui poura dans la dite abbey par les religieux, et faire faire un service solemnel pour le repos de son ame. En veu de quoy, le dit sieur Boysmaigre promet et soblige de donner au dit seigneur abbez la somme de deux mille livres par forme de dot, afin destre moins a charge a la dite abbeye, et en oultre celle de soixante livres pour les reparations de sa chambre et, en cas quil nay besoin daucunes reparations, les dites soixante livres seront employé a meubler et reparer linfirmerie, et pareillement les dites deux mil livres au proffit de la ditte abbeye. Lesquelles sommes, scavoir celle de deux mil livres et celle de soixante livres, ont estez presantement nombrée et delivrée est mains du dit seigneur abbés en louis dor, escus blancs et austre monoys ayant coustz, dont le dit sieur Boysmaigre demeure quitte et valablement deschargez, lequel sieur Boysmaigre, pour estre encorre moins a charge a la ditte abbeye, promet et soblige de donner ces soins, et randre tous ces services a icelle que son age luy pourra permettre, ce quil laisse a la discrestion et charittez du dit seigneur abbé, auquel il promet de tenir une conduitte cy sage et cy exemplaire que luy et la communaustez aurons tous sujet dans estre comptant, ce este acorde entre les parties que au jour du decedz du dit sieur Boismaigre les meubles a luy apartenant retourneront a ces heritiers en payant par eux la somme de cent livres a la ditte abbeye avant que de les deplasser. Car ainsye eté, cy comme, etc., promettant, obligeant, etc., renonsant, etc., le dit sieur Boismaigre donnera coppye des presante incessamant es mains du dit seigneur abbée. Fait et passé au dit Pontigny en presance de Me Jean-Baptiste le Ras, procureur fiscal, et Me Edme Collachot, greffier, demeurant au dit Pontigny, tesmoingt. La minutte est signee du dit seigneur abbée et du dit sieur Boismaigre, des tesmoings et de moy nottaire soubzsignez. A ce dost de la minutte est, controllé a Ligny le trante uniesme may mil six cent quatre vingt dix huit par Berruer, commis, avecq paraphe et est ecrit receu dix livres pour les droits. Signé : Crochot, notaire, avec paraphe.

XXII.

Association à la maison des Providenciennes d'Auxerre de Germaine Pougeoise, en qualité de pensionnaire perpétuelle « pour y tra« vailler uniquement à son salut et ne point en estre dissipée par les « occupations et les embarras qui se trouvent dans le commerce du « monde ». La dite Germaine s'étant éprouvée déjà depuis un an dans le monastère des Providenciennes, offre à la communauté, pour la désintéresser de sa nourriture, de son logement et de son entretien, une somme de deux mille livres consistant en une rente de 46 livres constituée sur divers particuliers d'Auxerre, et une somme de 1,080 livres par elle versée entre les mains de la supérieure (1716). — (H. 1801.)

XXIII.

Acte par lequel Marie Chancy, fille majeure, ayant témoigné depuis longtemps avoir dessein de quitter le monde, et de se retirer en la maison des Providenciennes d'Auxerre, pour s'attacher plus entièrement à Dieu et vacquer plus aisément aux exercices de piété, est agréée en qualité de pensionnaire perpétuelle par les dites Providenciennes qui s'engagent à la nourrir, loger et entretenir en état de santé ou de maladie sous la condition de rendre à la communauté tous les services dont elle sera capable et d'obéir à la supérieure. La dite Chancy a versé en outre une somme de 600 livres en numéraire à la communauté et a apporté les effets mobiliers suivants, savoir : « un lit de plume et traversin, couver« ture sur un lit de sangles, deux coffres de bois, deux chaudieres et un « poelon..... draps et linge à son usage, dont elle jouira sa vie durant. » Dans le cas où elle voudrait quitter la maison sans aucun sujet, elle pourrait remporter ces effets, mais la somme de 600 livres restera à la communauté (1722).

Le 15 juin 1733, la dite Chancy sort de la Providence avec ses effets, et les religieuses s'engagent à lui payer une rente viagère de 30 livres sa vie durant. — (H. 1674.)

XXIV.

Association à l'abbaye de Saint-Julien, en qualité de tourière perpétuelle, sans qu'elle soit tenue à l'observance de la règle ni à l'abstinence, de Claudine Raison, qui a déjà exercé ces fonctions en leur couvent depuis sept ou huit ans. Les religieuses s'engagent à la garder sa vie durant, à la loger, la nourrir et l'entretenir et à l'ensevelir en leur cimetière. Elle, de son côté, s'engage à leur obéir en tout ce qui lui sera commandé en qualité de tourière. Si elle devient infirme, les dames de Saint-Julien la retireront dans leur maison, et lui donneront l'emploi qu'elles jugeront convenable. — (H. 1674.)

SOIXANTE LETTRES

OU

ANALYSES DE LETTRES

TIRÉES DU FONDS

DES ANCIENS DE LA SECONDE LIBERTÉ A PISE

PAR

M. FRANCIS MOLARD

(Extrait du *Bulletin du Comité des travaux historiques et scientifiques*,
Section d'histoire et de philologie, année 1889).

PARIS
ERNEST LEROUX, ÉDITEUR,
28, RUE BONAPARTE, 28

1889

(7)

A Monsieur Léopold Delisle administrateur général de la Bibliothèque nationale — Hommage très respectueux de l'auteur

François Molard

SOIXANTE LETTRES OU ANALYSES DE LETTRES

TIRÉES DU FONDS

DES ANCIENS DE LA SECONDE LIBERTÉ A PISE

ANGERS, IMP. A. BURDIN ET Cie, 4, RUE GARNIER.

SOIXANTE LETTRES

OU

ANALYSES DE LETTRES

TIRÉES DU FONDS

DES ANCIENS DE LA SECONDE LIBERTÉ A PISE

PAR

M. FRANCIS MOLARD

(Extrait du *Bulletin du Comité des travaux historiques et scientifiques.* Section d'histoire et de philologie, année 1889).

PARIS
ERNEST LEROUX, ÉDITEUR
28, RUE BONAPARTE, 28

1889

SOIXANTE LETTRES OU ANALYSES DE LETTRES

TIRÉES DU FONDS DES ANCIENS DE LA SECONDE LIBERTÉ A PISE

Communication de M. Francis Molard.

Les soixante documents, ou analyses de documents, qui font partie de cet envoi, proviennent des deux premiers volumes des lettres et délibérations des *Anciens de la Seconde Liberté* de Pise (1494-1502). Ce fonds des archives pisanes comprend dix-huit gros registres, de trois ou quatre cents pages ou folios chacun, et six portefeuilles ou *carteggi*, contenant en moyenne de sept à huit cents pièces. Ces documents, autant que je puis le savoir, sont restés étrangers à toute exploration scientifique. Ils n'ont été cités, ni par MM. Desjardins et Canestrini, ni par le marquis Capponi dans sa remarquable Histoire de Florence. Il est bien vrai qu'il y a peu d'années, M. Perrens, érudit français, en mission en Italie du Ministre de l'Instruction publique, avait annoncé qu'il se rendrait à Pise pour examiner le dépôt qui y est conservé. Mais je ne vois pas qu'il ait donné suite à son projet.

Seul, M. du Cherrier, passant à Pise, a eu connaissance de ces registres, et fait demander une huitaine de copies pour en enrichir la deuxième édition de son histoire de Charles VIII, mais une mort prématurée vint interrompre ses travaux.

Il est à remarquer que le fonds des Anciens de Pise, *Seconde Liberté*, contient, outre les lettres de ces magistrats, celles qui leur étaient adressées par leurs ambassadeurs auprès des puissances étrangères, et par leurs espions ou partisans, qui couvraient alors l'Italie. Il y avait d'ailleurs des colonies pisanes en Sicile, à Lyon et dans les principaux centres commerciaux de l'Europe. On peut dire, sans exagération, que plus de deux mille pièces traitent, plus ou moins directement, des rois Charles VIII et Louis XII, du connétable d'Aubigny, du duc d'Orléans, du cardinal de Saint-Malo, de Gilbert de Montpensier, et des nombreux personnages qui ont joué un grand rôle durant la première période de nos guerres en Italie. Feu M. Quicherat, directeur de l'École des Chartes, estimait qu'il y avait là une source nouvelle et intéressante à épuiser.

Quoi qu'il en soit, les lettres que j'ai fait copier aux archives de Pise vont, comme dates extrêmes, du 15 juillet 1495 au 30 avril 1499. Elles commencent par une dépêche de Borgondio Leoli, ambassadeur pisan à Rome, sur les événements qui se passent dans le royaume de Naples depuis le départ de Charles VIII, et finissent par une lettre de la Seigneurie de Pise à M. d'Entragues, ancien commandant de la citadelle de cette ville, où, après lui avoir exprimé toute sa reconnaissance, elle le prie de recommander la République au nouveau roi Louis XII qui vient de monter sur le trône.

Pourtant, la plupart d'entre elles ont trait à la période qui s'écoule du lendemain de la bataille de Fornoue, au 1er janvier 1496, date de la reddition par d'Entragues de la citadelle aux Pisans.

Il me paraît superflu de m'étendre sur les relations qui ont existé à ce moment entre la France et la République de Pise. Chacun sait que Charles VIII, en se dirigeant sur Florence, a passé par cette ville. Touché par les supplications de Simon Orlandi et des députés qui l'accompagnaient, ce monarque avait rendu la liberté à Pise, et mis une garnison française dans l'une de ses forteresses. Arrivé à Florence, il revint sur sa parole, et stipula une amnistie pour les Pisans, puis il se dirigea sur Naples. Les Pisans, qui s'étaient immédiatement insurgés, tinrent en échec les milices florentines, et lorsque le roi de France, revenant de Naples, voulut faire lui-même exécuter le traité, la désolation fut telle que l'armée française, prenant parti pour les opprimés, offrit au roi l'abandon de sa solde arriérée. Devant cette attitude, Charles VIII dut temporiser, et remit à son arrivée à Asti toute décision à l'égard des Pisans. Ce fut donc après la bataille de Fornoue et vers la fin de juillet, que le roi de France se décida à restituer définitivement Pise aux Florentins, à des conditions que l'on pourra voir dans la lettre de l'ambassadeur pisan auprès de sa personne, datée du 22 août 1495.

Pietro Griffi, envoyé près de Charles VIII, n'avait rien négligé pour l'empêcher. Il était au désespoir :

« *Li amici nostri*, dit-il, *moreno di dolore, nè altro posson fare che confortarne ad prendre ogni altro partito che exequire questa venditione, se gli è nullo modo o indirisso. Il re quando glene parlo si confonde, ne sa che si possa respondere, salvo che ce ha ben cautelati... Quà non cè piu nè speranza nè remedio... Non posso dire altro che il core mi se apre di passione, ch'io non credo che mai si sentisse tanta barbarie. Dio ve consigli* »

Heureusement pour les Pisans que le roi n'était pas disposé à faire exécuter bien énergiquement son traité avec les Florentins. Et d'ailleurs que pouvait-il? — Le cœur des soldats français était gagné à la cause pisane. En vain, il envoyait ordre sur ordre au commandant de la forteresse, les chefs de la garnison épousaient les jeunes filles pisanes. Et d'Entragues, lui-même, vivement épris d'une demoiselle del Lante, faisait aussi bien la sourde oreille, quoique *mal conditionné*, comme le dit Comines, aux offres séduisantes des Florentins, qu'aux pressants commandements de son propre souverain. C'est en 1509 seulement, et après des péripéties dont le récit n'est point à faire ici, que les Florentins purent rentrer dans leur ancienne conquête.

Une bonne partie des documents concernant cette partie de l'histoire de Pise est écrite en chiffres, mais comme l'interprétation est donnée en marge, la lecture n'en offre aucune difficulté. Pour ceux dont il est ici question, les chiffres se trouvent principalement dans les pièces analysées, je n'ai donc pas eu à les reproduire. Quant à celles qui sont données en entier, j'ai eu soin de les faire précéder d'une cote étendue qui les résume exactement. Les notes qui accompagnent mon texte m'ont été, pour la plupart, fournies par Guicciardini, Comines et Moréri.

Simonde de Sismondi, dans son Histoire des républiques italiennes au moyen âge, (Paris, Treutel et Wurtz, 1826, in-8°. t. 12 p. 158), mentionne en ces termes les registres des *Anciens de la Seconde Liberté* de Pise. Après avoir constaté l'absence d'historien pisan depuis 1406, époque de leur réduction en servitude sous les Florentins ; « dans les archives de la Chancellerie, dit-il, on conserve les registres des seigneurs Anziani de Pise ; ceux de chaque année forment un volume. On y trouverait sans doute, au milieu de beaucoup d'inutilités ou d'affaires privées, quelques renseignements curieux pour l'histoire particulière de Pise ; mais comme presque chaque séance est écrite d'un caractère différent, et avec beaucoup d'abréviations, il faudrait un long travail pour apprendre à les lire, et un travail bien plus long encore pour les dépouiller. »

Par ces mots : archives de la Chancellerie, il faut comprendre, j'imagine, les archives de Florence. où les registres et les *carteggi* sont restés fort longtemps, et d'où ils ne sont retournés à Pise qu'en 1866.

Il reste, pour terminer cette introduction, à traiter la question de chronologie. On sait qu'il y avait en Toscane, entre autres manières de compter le temps, le *style florentin* et le *style pisan*. L'année florentine commençait trois mois après la Nativité du Sauveur, c'est-à-dire le 25 mars de la première année de l'Ère vulgaire. L'année pisane, tout au contraire, partait du 25 mars de l'année qui a précédé l'ère vulgaire. C'était, à proprement parler, l'ère de la Conception ou plutôt de l'Annonciation. Elle était en avance de neuf mois sur l'année commune, et d'un an sur l'année florentine. En suivant le calcul romain qui commence au 1er janvier, on trouve pour les Pisans une avance de neuf mois dont il faut tenir compte. (V. du reste Mabillon, *De re diplomatica*, t. II, p. 117, 172 et 186). Ce fut l'empereur François Ier, grand-duc de Toscane, qui, en 1749, fit cesser toutes ces anomalies. Par un *motu proprio* du 20 novembre, il décida que les différents styles seraient abolis, et que l'année toscane commencerait au premier janvier. Or, en parcourant les titres ici rassemblés, on s'apercevra facilement qu'il ne s'agit point pour les dater de l'ancien style pisan, mais bien du style florentin, très probablement adopté par les vaincus ensuite de la conquête. Sous le nom de style pisan, on doit sous-entendre style florentin.

Francis Molard.
Archiviste de l'Yonne.

I

Lettre de Borgondio Leoli, ambassadeur pisan à Rome, dans laquelle, après avoir fait allusion à une de ses lettres précédentes, il annonce que le peuple napolitain se révolte partout, que l'on ignore si les forteresses sont munies, et qu'il est question d'un accord entre le roi Ferdinand et Vergilio[1]

[1] Vergilio de' Orsini, frère de Niccolo, général des troupes de l'Église dans l'affaire d'Ostie, en 1494. Les Orsini étaient Guelfes. — Guicciardini, *Storia delle guerre d'Italia*, traduction française par Farre, revue et retouchée par Georgeon. Londres, Paul et Isaac Vaillant, 1738, t. I, p. 57.

et Pitigliano [1]. Le roi de France a eu le dessous dans un combat avec les Lombards. Le comte de [2] Caiazzo le poursuit vivement. Si Charles VIII venait à être pris, comme le bruit en court, la commune de Pise devrait se hâter de traiter avec le duc de Milan, car ses ennemis ne s'endormiront pas, et feront à la Ligue de grandes offres d'hommes et d'argent. Rome, le 15 juillet 1495 (style pisan).

II

Copie de la lettre d'un moine envoyé par la seigneurie de Sienne, à l'empereur Maximilien, pour demander secours, alors que le roi de France passa par Rome :

Le moine Nicolaio de Monticiano écrit de Bâle, aux autorités de Sienne, qu'il n'a pu se rendre en leur présence parce qu'il s'est cassé le bras gauche et une cuisse, que le manque d'argent l'a empêché d'envoyer un messager et l'a forcé de vendre son cheval ; qu'il a dû retenir, pour le soigner, son compagnon de route, don Joanni.

La réponse de l'empereur est favorable. Dans une lettre que Maximilien à écrite au duc de Milan, il déplore que l'état de Sienne soit passé sous la puissance des Français, mais il lui est impossible de rien faire.

Pourtant l'empereur a chargé Fra Nicolaio de dire à la seigneurie de rassembler des provisions en abondance, parce qu'il comptait sous peu descendre en Italie, et venir à Sienne.

La lettre se termine par une pressante demande d'argent. Bâle, le 20 juillet 1495.

III

Copie de deux lettres de Borgondio Leoli de Rome à l'ambassadeur pisan à Sienne.

Le roi de France doit s'apercevoir maintenant combien l'affection des Pisans lui est nécessaire, soit pour se maintenir en Italie, soit pour conserver et défendre le royaume de Naples. Cela peut avoir son avantage, en forçant Charles VIII à leur donner un appui plus efficace. Aussi les Florentins font-ils des efforts désespérés pour attirer Sa Majesté très chrétienne dans leur parti, mais on ne croit pas qu'ils réussissent, la mauvaise foi des Florentins étant connue. A Naples, les affaires tournent mal pour les Français, le peuple se révolte, les forteresses sont mal approvisionnées, et le bruit court de la mort du connétable d'Albigny [3].

[1] Pitigliano. — Le comte de Pitigliano. De son nom de famille, il s'appelait Niccolo de' Orsini et était général des armées de l'Église en 1494. Il commandait les troupes qui s'emparèrent d'Ostie. (Voir *ibid.*)

[2] Le comte de Caiazzo. — Giovan Francesco de San Severino. (V. *ibid.*)

[3] Robert d'Aubigny. — Robert Stuart, de la Maison royale d'Écosse. Il était seigneur d'Aubigny, en Berry. Il fut également engagiste de Beaumont-le-Roger. Maréchal de France en 1515, il décéda en 1543. Guicciardini, t. I, p. 48, éd. cit.

Une lettre du 28 juillet annonce que Novare est serrée de près par l'armée de la Ligue, mais l'armée française grossit rapidement, et les cantons suisses ont attaqué les frontières milanaises. Suivant certains dires, le roi des Romains aurait résolu de se désintéresser des affaires d'Italie. La victoire des Français est de plus en plus probable; une lettre de Florence assure que Charles VIII va secourir Novare, et que M. de Foix [1] a déjà passé le Pô. A Rome, les Florentins cherchent à conclure un arrangement avec la Ligue sous les auspices du pape. Au cas où le roi de France viendrait à repasser les Alpes, Pise devrait s'allier avec Gênes, etc... Rome, 3 août 1495 [style pisan]).

Copie d'une autre lettre du même au même.

Le connétable d'Albigny que l'on disait mort est guéri. Lundi prochain, en consistoire secret, on avertira le roi de France, d'avoir à quitter l'Italie, sous peine d'excommunication, et d'avoir à comparaître, sous vingt jours, en personne ou par mandataire, etc. Les négociations des Florentins avec la Ligue entrent dans une période de refroidissement, etc., etc. (Rome, 8 août 1495 [style pisan] [2].

IV

Lettre de Pietro Griffi, ambassadeur pisan près le roi de France, par laquelle il expose aux Anciens de Pise les menées des Florentins et de leurs partisans au camp de Sa Majesté très chrétienne. Leurs offres sont telles que Charles VIII est sur le point de les accepter. Un projet de traité a déjà été dressé ; il n'y manque plus que la signature royale. Que les Anciens pourvoient donc, du mieux qu'ils le pourront, au salut de la république. L'ambassadeur s'étend ensuite sur les opérations militaires, et notamment sur le siège de Novarre, où les assiégés souffrent du manque de farines. Il annonce qu'il a demandé son congé au roi de France. Sitôt qu'il l'aura obtenu, il se rendra à Milan pour attendre de nouveaux ordres. Turin, 22 août 1495.

1495 agosto 22. — Lettera di Pietro Griffi, ambasciatore dei Pisani presso il re di Francia.

Magnifici domini mei observandissimi, post debite venerationis obsequia :

Per la stafetta chè spacciai hieri da Chieri, per via di Saona, et per altre mie date nel presente dì, intenderanno le signorie Vostre ad qual

(1) M. de Foix. — Gaston de Foix, neveu de Louis XII par sa mère, Marie d'Orléans. Il fut tué, à vingt-trois ans, à la bataille de Ravenne, le 11 avril 1512.

(2) Tous ces documents sont datés suivant l'ère pisane. On sait que, du 1er janvier au 25 mars, cette ère coïncide avec l'ère vulgaire, on ne s'étonnera donc point de voir une lettre datée du 28 décembre 1496 et une autre qui la suit du 5 janvier de la même année. Pour la première, il faut lire : « 28 décembre 1495 », pour la seconde, le style pisan et le style vulgaire concordent; ce fait se renouvellera plusieurs fois.

termine si trovino le cose nostre. Per queste succintamente replicherò. L'ultima volta ch'io tornai quì da Milano, trovai chè li adversarii haveano, me absente, facte strecte pratiche nella materia, et soldato novi advocati. I quali haveano in modo facto l'offitio, chè il re, era quasi tratto nella lor sententia, perchè li haveano monstrato la sua calamità esser tale, chè, se non satisfacea alla petitione de' Fiorentini, non sè possea salvare, sì perchè non havea denari prompti per le genti d'arme, al chè Fiorentini lo provederiano, sì etiam perchè nullo altro modo havea ad soccorrere, il reame, salvo col partito che epsi li faceano delle genti loro adiuncte alli Vitelli, che sono alli stipendii di sua maestà, ai quali etiam dariano denari secondo il loro bisogno. Tenea pure il re con qualche respecto, la ignominia chè li parea glene resultasse, et la nota perpetua, havendone, tante volte iterata la fede, et il favore che li amici nostri ne faceano per tutta la Corte. Et qualche poco di fede chè se havea, ché in le cose di quà, fusse possibil ché seguisse qualche appontamento, lo teneano perplexo. Trovando io dunque la materia egi turbata, mi sforsai repararla con quelle vie et termini ch'io extimavo essere al proposito, sperando pur, chè la bontà del re opprimesse la venalità di questi soi adstanti. Son stato in continuo conflicto et incessanter con la spada in mano, et infinite volte, ho operato sì, chè la conclusione stabilita sè è annullata et rotta. Tandem alli XVIII del presente si fermorno in consiglo i capituli de mandato regis, et sé ne è facto publico privilegio, quantunque ancora non sia signato per mano del re, nè iurato, il chè si deve fare hoggi infallanter. Et in continenti si spaccieranno le lettere alli Castellani di Pisa, Livorno, Sarsana et Pietrasancta et Mutrone, chè consignino la possessione delle prefate fortezze. La continentia delli capitoli è molto diffusa. Ma in effecto, ex parte regis, sono solum questi oblighi : Restituire le prefate terre et fortesse frà XX giorni, et prender la protectione et defensione di Fiorentini in perpetuo, con le clausule in forma. Ex parte Florentinorum, sono infinite. In primis, sè fanno devoti et colligati di S. M. in perpetuo, obligando il stato et quel che hanno, multo largamente, con la clausula : amici per amici, etc. Appresso promecteno al presente, dare al re, ducento in trecento homini d'arme, « non bene recordo », pagati per il suo soccorso del reame, e per altro loco dove epso sè ne vogli servire, et exbursano septanta milia ducati d'oro, de' quali XXX milia ne pagano al presente, et XL milia, fatta l'assignatione delle fortesse. Sè obligano preterea, et fanno alcune cautione de non reconoscere ingiurie verso di Pisani, nè domandare le robbe loro, che per occasione di questa guerra fussino alienate, et molte altre simile simplicità; delle quali le S. V. saranno informate per lo exemplo de i capitoli, quale per il primo vi transmetterò; chè fino ad hora non si sono havuti. Li amici nostri moreno di dolore, nè altro possan fare chè confortarne ad prendere ogni altro partito chè exequire questa venditione, sè gli è nullo modo o indirisso. Il re, quando glene parlo, si confonde, nè sa chè si possa rispondere, salvo chè ce ha ben cautelati. Si chè dunque, le S. V. vedeno dove la nostra fede ce ha portati. Quà, non è più, nè speranza, nè remedio. Bisogna volgersi altrove : et Iddio et la vostra prudenzia ne adiuterà. Io non ho ad ricordare altro alle S. V. salvo celerità, chè, doppo la morte non vale contritione. Non posso altro dire chè il core mi sè apre di passione, ch'io non credo chè mai si sentisse tanta barbarie. Dio ve consigli! Haverete avute l'altre mee, dove ve ho dicto quel chè m'è occorso Sequite quel chè vi pare, ch'io non posso altro dire, non essendo in facto.

Delle cose di quà, non ho altro chè dire, salvo chè, la gente del re è tutta frà in Vercelli, et nelli lochi convicini. Alli XVIII di questo, cavalcò là, il Marischal di Gyè [1], et Monsignor di Prenes [2], per provedere alli bisogni del campo. Là, hanno victualie per al presente. Novara, par chè patischa forte, maxime, di modo di far farine. Quà, non par chè si facci pensiéri per al presente, venire ad giornata, perchè non ci saria vantaggio; stimano mantener Novara al meglo chè si può, fino chè i tempi si rompino, perchè essendo i luoghi dove è il campo delli Italiani, bassi et palustri, credeno questi chè epsi saranno constrecti rimoversi. Et quando questo non sia, hanno animo per fare qualche diversione, o toccando Mortara, o altro ch'io non so. La gente d'arme pro maiori parte ha tocco denari. Quì, non arriva di Fransa, nè un cavallo, nè un fante a piè. Martedi mattina, vennero lettere dal Bagli di Digiun [3], chè veniano X milia Alamanni, del chè, tutto 'l mondo fece festa. Da poi, la cosa è intepidita. Il re si sta frà quì et Chieri in banchetti, in conviti et in altri suoi piaceri giovenili. Il tutto appresso di lui è al presente Sa Malò [4] « Saint Malô », benchè ci sia Monsignor di Bressa [5], et la Trimolle [6], et

[1] Le maréchal de Gyé, vicomte de Rohan, né, vers le milieu du xve siècle, en Bretagne. Il fut fait maréchal de France en 1475. Se distingua en Flandre et en Italie, où il délivra le duc d'Orléans assiégé dans Novare. En butte, pour une cause futile, à la haine d'Anne de Bretagne, il fut enfermé pendant cinq ans au château de Dreux sur condamnation du Parlement de Toulouse. Il mourut en 1513. Son procès a été imprimé dans la collection des documents inédits par M. de Maulde en 1885.

[2] M. de Piennes. — Ce seigneur était d'origine flamande. Il fut chambellan du roi et gouverneur de Picardie. Sa descendance a subsisté jusqu'à nos jours. — Guicciardini, t. I, p. 152, éd. cit.

[3] Le bailli de Dijon. — Antoine de Bessey. — Guicciardini, t. I, p. 61, éd. cit.

[4] M. de Saint-Malô. — Guillaume Briçonnet. De marchand, il devint d'abord trésorier général des finances, puis évêque de Saint-Malô, ensuite cardinal. — Guicciardini, t. I, p. 29, éd. cit.

[5] Philippe, comte de Bresse, dit Sans Terre, frère d'Amédée IX, duc de Savoie, décédé en 1472. Il était oncle du roi et ami intime de Pierre de Médicis.

[6] Louis, deuxième du nom, seigneur de la Trémouille, vicomte de Thouars. Il fut amiral de Guyenne et de Bretagne, chevalier de l'ordre du roi et gouverneur de Bourgogne. Il naquit le 20 septembre 1460 et fut tué à la bataille de Pavie, le 24 février 1525. Il mérita le surnom de *Chevalier sans reproche*. Il épousa, en 1485, Gabrielle de Bourbon, sœur de Gilbert, comte de Montpensier. En 1517, il contracta une seconde alliance avec Charlotte Borgia, fille du fameux César et de Charlotte d'Albret. Il n'en eut point d'enfants. Guicciardini, t. I, p. 100, éd. cit.

Ligni[1] e'l prinse d'Oringe[2]. L'altri sono tutti al campo. La Guardia delli Arcieri è tutta col re; quella de' Gentili homini è parte qui, et parte ad Vercelli. Di denari c'è carestia, benchè, si dica chè il re ha mandato ad far gran provisione in Fransa. L'armata di mare per soccorrere il reame è ordinata in Provenza, cioè tre nave grosse, due gennese, et una altra frà la Gennese et la Lommellina Expectano la gente. Io non credo chè sia cosi presto preparata, perchè una parte di questi Alamanni chè deveno venire, era destinata per là, et come ve ho dicto, la lor venuta ritarda molto. De accordio o appuntamento, non pare chè per al presente si possi sperare, perchè le voluntà son troppo difforme. È vero ché se io havessi voluto acceptare un' altra andata, lha haverei havuta fino hieri, ma lo andare a passo mi rincresce. Pare chè sia ancora un altro chè sè è travagliato et travaglia in questo maneggio, potrà forsi essere chè haverà miglor manodi me.

Io ho richiesto il re di licentia : me ha dicto ch'io attendessi un poco : domani la ritenterò, et sè la optengho, me ne anderò ad Milano, et li, expecterò vostro adviso. Credo non lha haverò cosi presto. Reliquum est chè alle S. V. iterum atque iterum mi recomando. Taurini XXII augusti, horà X 1495.

E. D. V.

Servus Petrus Griffus.

(Regio Archivio di stato in Pisa — Comune. — Lettere agli anziani della seconda Libertà, f. I, c. 254-255.)

On lit au dos :

Magnificis Dominis meis observandissimis Dominis antianis et Vexillifero iustitie civitatis pisarum.

V. Cote.

Le duc de Milan exprime aux anciens de la commune de Pise le déplaisir qu'il a ressenti en apprenant la conclusion du traité entre le roi de France et les Florentins. Il les encourage à la résistance, les assurant d'ailleurs de l'appui de la ligue italienne et les renvoie, pour plus de détails, à messire Girardo Bonconti, leur ambassadeur auprès de sa personne. Milan, le 25 août 1495.

1495 agosto 25. — Lettera del duca di Milano agli anziani di Pisa.

Magnifici amici nostri charissimi,

Cum summo dispiacere havemmo intesso l'accordio seguito sopra le cose vostre, tra lo re di Franza e la republica Fiorentina; parendone

[1] Louis de Luxembourg, comte de Ligny, fils du second lit du connétable de Ligny et de Marie de Savoie, sœur de Charlotte, mère de Charles VIII. Fut grand chambellan de France et mourut en 1503. Le roi, auprès duquel il était en faveur, lui fit épouser, à Naples, une riche héritière, Éléonore de Guevarra des Baux, princesse d'Altamura, duchesse d'Andria et de Venosa. Il était ami et partisan déclaré des Pisans.

[2] Le prince d'Orange. Il s'agit de Jean II de Chalon, fils de Guillaume VII,

chè la maestà sua habbi tenuto pocho cunto de voy e de le large promesse vi haveva facto. E perchè questa cosa, per l'amore quale vi havemmo sempre portato, ultra l'interesse universale de tuta Italia, ne preme assai, laudamo chè advertiate bene a li casi vostri, provedendo per omne via vi sarà possibile chè non siate venduti, perchè aiutandovi da la banda vostra, vi havete a persuadere e tenere per certo chè sarete aiutati da noy, e da li signori confederati nostri, in modo chè non vi lassaremmo oprimere nè confundere, come più largamente ve referira il reverendo messer Girardo Boncunti, vostro nuntio, al quale havemmo aperto l'animo nostro circa questo. Mediolani, 25 augusti 1495.

Ludovicus Maria Sfortia anglus dux Mediolani.

B. Chalcugnus.

(Regio Archivio di stato in Pisa. — Comune. — Lettere agli anziani della seconda Libertà, t° I, c. 262.)

Au dos on trouve une adresse incomplète comme il suit : « ... Dominis antianis..... amicis nostris..... us (pisis). »

VI

Lettre de Pietro de Vecchiano, ambassadeur pisan à Lucques, dans laquelle, après avoir fait allusion à des lettres précédentes, il annonce qu'à Lucques on considère le roi de France comme totalement exclu des affaires d'Italie. Le bruit court également que le roi des Romains se trouve avec une armée formidable aux frontières de Savoie, que son fils est entré en Bourgogne, et que le roi d'Espagne se prépare à envahir le Languedoc. Quant à l'Angleterre, l'apparition d'un nouveau prétendant à la couronne l'empêchera de secourir la France. Charles VIII aura donc trop d'affaires sur les bras pour s'occuper de l'Italie. Il importe donc que la seigneurie de Pise se fasse une idée exacte de la situation, et sache à qui s'adresser. Une alliance avec le duc de Milan serait possible et commandée par les circonstances, etc., etc. Lucques, 26 août 1495 (style pisan).

VII

Lettre de Borgondio Leoli, ambassadeur pisan à Rome. Il annonce qu'il a commencé des négociations avec les représentants de la Ligue. On a reçu par un courrier de Milan et de Venise une copie du traité entre le roi de France et les Florentins. Par ce traité, signé le 20 d'août, Charles VIII s'engage à rendre Pise à ses nouveaux alliés sous certaines conditions. Un grand conseil a été tenu en présence du pape à ce sujet. L'ambassadeur vénitien a montré son désir de maintenir la liberté

qui, après avoir servi Charles le Téméraire et Marie de Bourgogne, se rallia à la France ; fit les campagnes d'Italie sous Charles VIII et Louis XII, et fut reconnu par ce dernier comme prince indépendant d'Orange.

pisane, ce à quoi le pape a consenti. En conséquence, et d'accord avec lui, ambassadeur de Pise, il a été résolu : 1° de réunir 1500 fantassins pour prendre la citadelle, ou se défendre contre elle ; 2° de donner avis des dispositions de la Ligue à la seigneurie de Pise ; 3° de s'allier aux Gênois et aux habitants de Lucques ; 4° d'enrôler le seigneur de Piombino que l'on dit être libre de tout engagement ; 5° d'en faire autant pour les Vitelli. Le pape, en outre, comme père de tous les chrétiens, devra prendre sous sa protection la commune de Pise. Il a déjà été écrit à Milan et à Venise à ce sujet. Ordre a été donné au commandant de la citadelle de ne pas sortir pour éviter toute embûche. Il serait bon d'avertir les autres ambassadeurs pisans, pour qu'ils ne soient pas pris au dépourvu. Si l'on parvient à se rendre maître de la citadelle, il faudra écrire au roi de France une lettre d'excuses, où l'on expliquera que le commandant était soupçonné de vouloir la livrer aux Florentins contre l'intention de Sa Majesté, etc., etc. Rome, 29 août 1495 (style pisan).

VII. Cote.

L'ambassadeur Piero Griffi est resté à Turin pour voir comment tourneront les choses. Quoi qu'il arrive, il s'en lave les mains, le roi et ceux qui l'entourent ayant été suffisamment avertis par lui des conséquences. En attendant, n'ayant rien de mieux à faire, il entre dans les détails les plus circonstanciés sur la guerre et les événements politiques. Une troupe d'Allemands, à la solde de la France, est arrivée à Ivrée, une autre plus forte la suivra bientôt. Les opérations militaires n'en marchent pas plus rapidement pour cela. Les Italiens, dominés par le souvenir de Fornoue, se refusent à tout combat décisif. La garnison de Novare est réduite aux abois. Un différend entre la ligue des princes confédérés et la duchesse de Savoie a été arrangé à l'amiable. Le tuteur du marquis de Montferrat est venu se mettre sous la protection de Charles VIII, malgré les intrigues et les caresses de l'ambassadeur de Milan. Dans le royaume de Naples, les choses en sont toujours au même point. On attend des renforts pour recommencer les hostilités. Le roi passe ses journées à concéder à d'autres les fiefs des seigneurs napolitains qui lui sont rebelles. Les Espagnols ont fait quelques incursions dans le Narbonnais. Le bruit court que l'ambassadeur florentin a envoyé chez lui plusieurs exemplaires du traité scellés et contresignés, reste à savoir s'ils passeront. Turin, 31 août, 1er septembre 1495.

1495 agosto 31 o settembre I. — Lettera di Pietro Griffi, ambasciatore de' Pisani presso il re di Francia, agli anziani di Pisa.

Magnifici Domini mei observandissimi, post debite venerationis obsequia,

Per non haver per chi mandar le lectere, son restato di scrivere ad questi dì, et anco per non me occorrer cosa che multo importasse. Delle cose nostre non ho alcuna cosa chè dire, salvo chè expecto intender lo exito, o bono, o pernitioso; pur me confido in Dio, et non sono sensa qualche speransa chè epso ne adiuterà. Hier sera, venne qui da Vercelli, il cancellier di messer san Jacopo, ad significare alla Maestà del re, come era circa di tre giorni ch'el signor Fracassa se era partito di campo, et chè era voce publica chè andava ad Pisa. La qual cosa, diè, et ombra, et dispiacere ad molti. Da poi, hoggi per diverse vie, s'è intexo il Fracassa[1] trovarsi ancora ad Milano. Io ho ben facti tanti protesti alla maestà del Re et ad tutti questi signori, et tante volte, chè succeda quel si vogli di costà, non sè haveranno multo ad maraviglare, chè intenderanno cose previste. Quà, non è multo di novo. Il re et la corte si stà, qui al solito: se stima, chè dimani o l'altro, il re cavalcherà ad Chieri, ad piacere. — Li Alamanni chè haveano ad venire, già sono venuti ad Invrea, et fino ad hora ne è passati circa dui milia ad Vercelli. Li altri vengano tuttavia, et sono fino nel numero di cinque milia presenti, benchè si dica doverne venire una gran quantità, ma denari non hanno là più chè per questi. Costoro parlano molto animosamente, nè dell'avere ad vincere la giornata, fanno dubio nissuno. Non però, fino ad hora, si vede di quà principio de havere ad venire ad giornata, nè chè il re habbi ad cavalcare in là. Questi signori chè son quà, tutti dicano chè il campo italiano, per niente, verrà ad fatto d'arme, per non mettere il suo in compromisso : Et tutto il dì voglano mettere sconmisse, chè epsi si ritraranno di là da Tesin ; non perchè non siano più forti che non seremo noi, ma per la ragion predicta, et havendo experimentato il caso di Fornovo. Et con questi et simili ragionamenti, ci stiamo quà in otio, ad trapassar tempo. Stamani di bon'hora, fiù qui un gentilhomo Fransese che sè è partito di Novara, et è stato in campo delli Italiani, con scusa di cercare un suo fratello prigione, et in effecto, per quel che si può comprehendere, ha referito Novara trovarsi ad mal termine, et, quod plùs est, dubitarsi chè li Alamanni chè son dentro, non havino qualchè intelligentia con li Italiani, il chè ha dato assai dispiacere. Dove, sta mattino ad messa, il re mi fece chiamare, et mi disse chè volea ch' io ritornassi ad Milano, per vedere sè il Duca volea venire niente più avanti, et ch' io stessi presto, chè mi faria far la istrussione. Son poi stato con Samalò, et epso me ha

[1] Le capitaine Fracasse. C'était le nom de guerre de Gaspard de San Severino. Son frère, Galeazzo, avait épousé une bâtarde de Ludovic Sforza, duc de Milan. Il y avait deux branches de la maison de San Severino. L'aînée, qui était restée dans le royaume de Naples, son pays d'origine, avait pour chef le prince de Salerne. L'autre branche avait été établie dans le duché de Milan par Robert de San Severino, l'un des grands capitaines de son temps. Il avait fort contribué à faire donner à Ludovic Sforza la tutelle de son neveu, et à l'expulsion de la duchesse Bonne. Mais ils se brouillèrent depuis, par suite de l'ingratitude de Ludovic. Cela n'empêcha pas que les enfants de Robert ne parvinssent à une grande faveur auprès de ce prince. L'aîné des fils de Robert fut Jean-François, comte de Caiazzo; les autres étaient Galeazzo, Gaspard, surnommé Fracassa, Frédéric, qui fut cardinal, Anton Maria, et Ottaviano, qui était bâtard.

dicto chè domani, una volta, bisognerà ch' io cavalchi. Non so sè si muteranno, o sè pure anderò; chè mi pare chè epsi medesimi non sappiano chè fare. Gente da Cavallo, nè da piè di Fransa, non viene altra di novo, nè qui se ne fà instantia nostra. È vero chè madama di Savoia[1] haveva facto certi preparatorii di gente comandate secondo l'ordine di Savoia, le quale s'appresavano per recuperare quelle terre chè haveano di suo occupate li Italiani; ma hoggi ce è stato nova, come le terre d'accordo si renderanno, et chè è stato più presto disordine, chè pensier ordinato, questo impeto chè fù facto; per il chè, questi savoini parno tutti contenti. Hoggì è venuto quì, imbasciatore di Monferrato, messer Bartolomeo del Signore da Cavrial, con commissione del Signor Constantino[2], il qual fà intendere al re come ha preso l'administratione del Stato per il piccol Marchese, pregando la sua maestà chè sià contenta operare chè, per alcuna via, non sia molestato nel prefato Gubierno; et par chè habbi qualchè dubio dal Marchese di Salutio. Ha facto preterea intendere come là è imbassadore del Duca di Milano, il quale li ha facto larghe offerte; non però, epso intende per alcun modo partirsi dalla devotione dél re, quando la Maestà sua pigli la sua protectione. Non ha ancor havuto risposta. Avanti chè venisse questo imbassadore, ce era stato qualchè ragionamento delle cose di Monferrato dopo la morte della Marchesa, et se trattava chè il re andasse a Trino, per esser più proximo, et poter più de facili obviare alli inconvenienti che potesseno nascere. Non si deliberò però altro, et cosi son restate le cose. Messer Francesco[3] Sacco tornò indrieto, chiamato dal re, secondo chè epso dice, et trovasi qui insieme con Troiano pappacoda. Et Giamberto Caraccioli, Camillo Vitelli et li altri Italiani sono a Vercelli. Di Signori fransesi quì è il prinse d'Orenge et Monsignor della Trimolla, et Simalò; li altri di auctorità son tutti ad Vercelli. Di Napuli ce è stato da sei dì in quà assai nove, et son venuti dui gentilomini, Pietro Paulo di Buffillo et un altro, et in effecto dicano le cose di là starsi così; et chè i nostri spectano soccorso et molte cose, le quale, per esser voi più vicini chè noi, quà le dovete intendere. Il re concede tutto il di privilegii delli stati di quelli che si son ribellati, et danne a chi li domanda. Ha concesso tutto quel stato, che havea dato a Prospero Colonna, al Conte di Marcona che è quì con sua Maestà, figlio che fù del Conte di Fondi[4], et simile molti altri stati ha distribuiti et spac-

[1] Blanche Paléologue, fille de Guillaume VII, marquis de Montferrat, et veuve de Charles le Guerrier, duc de Savoie.

[2] Il signor Constantino. — Constantin Arianites, l'un des seigneurs de Bazan, en Épire, frère de la marquise de Montferrat. Philippe de Comines, liv. VIII, ch. XVI. La marquise de Montferrat était Marie, fille d'Étienne, despote de Servie. Son mari avait été Boniface, cinquième du nom de la famille des Paléologues.

[3] Florentin, qui avait marié sa fille dans la famille Torrelli, puissante à Parme et dans les environs. Il avait, à sa demande, accompagné le roi jusqu'à Asti. Il se distingua à Fornoue.

[4] L'ancien comte de Fondi était de la famille romaine des Gaetani, que

ciati i privilegii. Quà, se è dicto che la Santità di Nostro Signore volea interporsi ad fare accordio et pace, et dovea mandare un Cardinale per parte legato; non so sè sequirà, qui ne è stato lettere di Monsignor di San Dionis.

Di Spagna non ci è poi altro, salvo chè si son facte certe mansione nel Nerbonese. Li advisi sono di Monsignor della Bret.

Ve ho dato questi advisi per non haver altro chè scrivere, chè delle cose nostre, pocha carta mi bisogna occupare. Reliquum est chè alle S. V. sempre mi recomando ; sè scaderà cosa nissuna ne darò adviso ad quelle di subito. Ex Taurino, die ultimà Augusti M CCCC LXXXXV. Post scripta : Stamani, non se è facto deliberatione del mio ire ad Milano. M'è ben stato replicato ch'io stia ad ordine. Et di novo non se intende altro, se nonchè l'oratore Fiorentino ha di nuovo spacciate tutte le lettere et li contrasegni, et mandatoli; non so sè passeranno. Die primà septembris.

E. D. V.

Servus PETRUS GRIFFUS.

(Regio Archivio di stato in Pisa. — Comune. — Lettere agli anziani della seconda Libertà, filza I, c. 260-261. Collazionata concorda salvo, etc.)

Au dos on lit : « Magnificis Dominis meis observandissimis Dominis Antianis et Vexillifero Iustitie civitatis Pisarum. »

IX. Cote.

Extrait d'une lettre de l'ambassadeur Piero Griffi au Conseil des Anciens de Pise, par laquelle il rend compte de ce qui se passe à la Cour de Sa Majesté Très-Chrétienne. Les manœuvres militaires dont il avait été question pour forcer les Italiens au combat ont été suspendues, à ce qu'on pense, jusqu'à la complète arrivée des Suisses dont on a déjà réuni plus de six mille. On ne doute pas de la victoire au camp français, les troupes de la Ligue manquant de bons capitaines, et étant d'ailleurs peu unies à cause de leurs provenances diverses. Un exilé siennois du nom de Nicholò Midei, est venu tâter le roi au sujet d'une révolution dans sa patrie, promettant de la gouverner selon les intérêts de la France. Il a été accueilli avec faveur, et a reçu des lettres pour les capitaines français qui sont à Pise. La galère de Rhodes devait emporter à Naples un renfort de six cents Gascons, mais ce départ a été suspendu jusqu'après la prochaine bataille. Turin, 6 septembre 1495.

Charles VIII avait dépossédée en faveur de Prospero Colonna, lors de son entrée dans le Napolitain. Celui-ci, voyant les choses mal tourner pour les Français, s'était rallié aux Aragonais, sous prétexte qu'on ne lui payait point ses appointements.

1495, settembre 6. — Lettera di Pietro Griffo agli Anziani di Pisa.

Omissis precedentibus

Di novo di quà non ho altro chè dirvi, sè non chè ad questi dì, venne da Vercelli Monsignor di Pienes, dopo la venuta del quale si feceno per dui dì gran consigli, et demùm si deliberó l'andare del prinze d'Oringe et di Simaló insieme con molti altri Gentili homini, a fine di trarre il campo di Vercelli et mettersi alla campagna in loco securo, et vedere sè li Italiani si partissino, perchè costoro hanno facto al tutto impressione chè i nimici non ce devino attendere. Di poi, si mutó la deliberatione, et andó il prinse et Monsignor di Pienes, et rimase qui Samaló, quale è hora unico appresso del re, et di tanta auctorità, chè est quid mirum. Chè fino ad hora, i nostri si siano tratti alla campagna, nè li inimici partiti, non ce è nova; non so sè allo arrivare di questi Svissari succederà altro. I quali, fino ad hora, son venuti in numero di circa tre milia, et per tutta questa septimana presente deveno esser venuti altri tanti col Bagli di Digiun, secondo chè epso scrive, ben chè quà, si predichi di molto più numero, tanto chè è fora del vero simile. Chè il re habbi ad cavalcare in persona ad Vercelli, ben chè per molti si dicha, non se intende peró di certo, nè se ne vede fino ad hora alcuna evidentia. La Maestà sua ad presente, attende a suoi piaceri : hier sera, cavalcò a Moncaleri dove è stato hoggi ; domani, va a Cheri, et cosi si trapassa tempo, et Samaló fa le facende qui in Turino.

Della giornata futura assai si parla, et li nostri reputano omnino haver la vincta, presupponendo nelli inimici dover essere assai disordine et nobedientie, per essere de diverse potentie, et etiam per la penuria chè hanno di boni capitani, secondo chè costoro dicano. Pare etiam chè novamente, frà li Alamanni et li Italiani, sia stato scandalo nel campo et morte de alcuni, per lequal cose et altri simili, i nostri, extimano esser superiori quando ad quel si venghi ; tuttavia non statuto ancor altro. Novara patisce assai, pur se intende chè il presente si possano tenere, quamvis difficulter. Di Spagna, non è innovato altro. Del Fracassa che dovesse venir costà con cc lance, è stato publico nome ; da poi, non se è verificato altramente ; non so quel ch'io deva credere. Sono dui dì, chè qui arrivò un Seneze, qual venne per via di Pisa a Genua, ad Saona, et poi qui, demandato Nicholò Midei, homo ad mio iuditio assai callido, et è un de' popolari fuoruscito in queste ultime novità di Siena. Et venne qui sotto colore di voler ire al Lione per un suo fratello, qual poi ha decto non esser più là, et cosi volersi tornare indrieto. Io lo ho observato con diligentia, et in effecto ha parlato più volte col Re, mà più intrinzeco con Monsignor de Ligni ; domandó in nome suo et delli altri fuorusciti lettere del Re ad Paolo [1] Vitelli, et a quelli capitani di fanti fransesi che sono a Pisa, chè epsi dovessino essere con loro ad ritornare in Siena, et expel-

[1] Vitelli, famille de la Campagne romaine au service de France. Les princi-

lere il presente Reggimento, promettendo ad Monsignor di Ligni remettere la guardia fransese, et tener la terra al suo desiderio, come prima era ordinato. È stato visto molto volentieri et ha havute le lettere, et stasera è ito ad Moncalieri, a trovare il Re, et stimo chè di lì, si partirà, et anderà per la via di Genua; benchè epso me habbi decto chè domani vuol tornar quà et far la via d'Alexandria. Non credo chè torni altrimenti. Ve ne ho voluto dare adviso, perchè mi par di qualchè importantia. La nave di Rodi si volea partire fino giovedì passato, et era ad ordine Troiano pappacoda, a Giambattista Carazzolo [1] et Monsignor d'Arban [2] con forsi Gbo Guasconi, chè son ancor quì, venuti da Vercelli ; poi, se è mutato proposito, et non vanno fino chè non sequita la giornata. Quel cursore del papa il quale portó il Breve quì, non lo ha mai presentato, et stassi quì a piacere: et novamente il re li ha facto donare di provisione XX scudi il mese, per potersi intratenere. Dell' andar mio ad Milano, del quale per altra vi scripsi, non è poi successo altro. Il cardinal di Geneva deve partire fra dui dì per ire alli Bagni de Aquis. Messer obiecto è in Asti con messer Batista, non me occorre altro dir se non chè alle S. V. mi recomando. Taurini die 6 septembris horà 17 noctis. E. D. V.

Servus Petrus Griffus.

(Regio Archivio di stato in Pisa. — Comune. — Lettere agli Anziani di Pisa della seconda Libertà, f. 1, p. 289.)

X. Cote.

Piero Griffi écrit aux Anciens de Pise que Novare est réduite aux dernières extrémités, et qu'on y meurt de faim. Le roi a tenté trois fois de la secourir ; la première fois il y a réussi, mais dans les deux autres tentatives il a perdu environ deux mille chevaux. On croit qu'il s'en tiendra là et que sous deux jours la ville sera à la discrétion des alliés. Charles VIII se dispose à partir pour la France afin d'y rassembler de nouvelles troupes. Les ambassadeurs florentins ne semblent plus aussi en faveur. Sa Majesté semble revenir sur sa résolution d'abandonner Pise, et a écrit au capitaine de la citadelle de différer l'exécution des ordres qui lui ont été transmis. Le tout est de se tenir ami de ce capitaine. Le salut est dans la

pales familles de cette partie de l'Italie étaient les Colonna, Gibelins, les Orsini, Guelfes, les Savelli, les Frangipani et les Gaetani.

(1) Giambattista Caraccioli, prince de Melfi. D'origine angevine, il appartenait au parti napolitain français. Il avait projeté de livrer à Montpensier la ville de Sessa, mais le complot fut éventé par Ferdinand.

(2) M. d'Arban, vieux soldat, peu au fait de la marine, qui obtint le commandement d'une flotte française chargée de 2,000 soldats destinés au secours du Napolitain. Ayant rencontré la flotte aragonaise près de l'île de Ponza, il prit la fuite et se retira dans le plus grand désordre jusqu'à Livourne.

temporisation. C'est, du reste, l'avis de tous les amis de la commune de Pise à la Cour du Roi de France. Turin, 7 septembre 1495.

1495 settembre 7. — Lettera di Pietro Griffo agli Anziani di Pisa.

Magnifici ac excelsi Domini, post debite venerationis obsequia.

Per darvi notitia di tucto il progresso di quà, faccio intendere ad S. V. come Novara è molto astrecta, et già la Maestà del nostro christianissimo signore re, ha tentato tre volte darli soccorso, et la prima volta andò bene, in le dui altre ce ha perso circa duimila cavalli, nè si crede chè la soccorra più, perchè le gente di Francia chè s'aspectavano, non sono venuti, et già semo in la vernata, et cominciano le neve sic per li monti, in modo si dubbita del passare.

Di Novarra, [1] si crede chè fra dui dì, sarà a devotioni della lega, perchè drento v'è cominciato a morire gente di fame, et visto il re non posser la più soccorrere, non porrà star cosi. La mente del re non si intende; credesi farà forte il campo quì, et per adventura la persona sua se partirà per reassummere le forse sue. Et advertite bene a facti nostri, perchè qualchuno di questi Baroni nostri amici, m' hanno accennato il re fare gran conto di Pisa, chè non ha altra via al redito suo in Italia, et per adventura, scripto costì al capitano di ciptadella et al proposto, retardino l'exequtione dè capituli fino a nuova commissione. Vedete sè possete annusarne cosa alchuna ; io ho confortato chi me lo ha dicto si replichi per più lettere, acció chè, sè le prime capitasseno male, intanto, non consegnasse la ciptadella. Hanno mi dicto farle far. Solo ne vedo uno segnale chè li mandati quì dè Fiorentini non hanno molto adito al re. Bisogna chè voi vi portiate bene costì col preposto et capitano, chè non sono peró in tucto fora di speranza de' casi nostri. Fate pure bono animo et defendetevi gagliardamente, perchè nello indugiare c' è speranza assai : non diró altro. Reliquum est chè sempre ad S. V. mi ricomando. Ex Taurino die VII^a^ septembris 1495.

Poi hebbi scripto mi sono trovato con alchuno di questi nostri amici, et dicono chè non si dubiti, et chè vi scriva attendiate a buona guardia, et facciate franco animo, perchè c' è qualchè speranza, et il re non s'accorda bene perdere Pisa. Conformatevi col capitano, chè non vogli correre in frecta, chè loro me n'anno strecto molto ve ne scriva. Crediate che ancora io uso di quà, tucte le diligentie possibile. Iddio sia quello ce aiuti. Die dictâ.

E. V. D. Ex.

Servus Petrus Griffus

(Regio Archivio di stato in Pisa. — Comune. — Lettere agli Anziani della seconda Libertà, f. I, c. 352.)

[1] Pour Novara; c'est ainsi dans l'original.

On lit au dos : « Magnificis et excelsis Dominis observandissimis Dominis Antianis et Vexillifero iustitie Civitatis Pisarum. »

XI. Cote.

Extrait d'une lettre de Piero Griffi, où il rend compte d'un long entretien qu'il a eu avec le roi de France. Celui-ci ne peut se décider à rompre le traité avec les Florentins, et pense que les stipulations en faveur des Pisans sont suffisantes. Au besoin on en ajouterait d'autres. M. de Ligny, grand ami des Pisans, a donné à son collègue Marcobaldi des lettres importantes pour le capitaine de la citadelle. Les Allemands continuent à arriver, et il est de nouveau question d'une bataille. Mille Suisses et six cents Gascons seront envoyés au secours du royaume de Naples. M. d'Argenton est parti pour Casal afin d'y surveiller les faits et gestes de l'évêque de Côme, ambassadeur que le duc de Milan y a envoyé. Nicholo Midei, l'exilé siennois, part avec deux lettres de M. de Ligny et l'on doit s'attendre à quelque chose de nouveau de ce côté. Turin, 9 septembre 1495.

1495, settembre 9. — Lettera di Pietro Griffo agli Anziani di Pisa.

Omissis precedentibus

Col re havemmo havuto lungho colloquio, usando con Sua Maestà, tutti quelli termini che parea dovessino essere al proposito ; et demùm, non si resolvè in altro chè in quel che ha facto, et chè Fiorentini, lison per essere boni amici, et chè non può venir, nè vuol, contrà quel chè ha dui volte firmato : et li pare de haverne assai preservati per li articoli, et anco quando quel non basti, farà di novo adiungere quel che ce occorresse, et simili parole. Delli protesti che si son facti del prendere altri partiti, benchè non sia stata questa la prima volta, par chè si sia risentito. Non ha però altro dicto se non chè noi guardiamo quel che noi facciamo, chè epso non ne sarà contento. Con Monsignor di Ligni havemo facto le nostri diligentie, et come voi sapete, epso è più per noi chè noi medesimi, et ha dato a Marcobaldo certe polise et parole, che stimo faranno buon frutto col capitano di ciptadella. Et con questo se è partito, et viene per Saona et per Genua. Da epso, piu longamente intenderete tutto. Di novo quà non è altro, salvo chè li Alamanni nostri vengano, del continuo, et si stima chè per tutta la presente septimana, saran venuti fino ad VIII milia; benchè, sono alcuni che dicano più di 16 milià, mà io non intendo altro. Venuti li Alamanni, si indica chè il re anderà ad Vercelli, et verrassi alle mani. Io non vedo però fino ad hora molti segni da far questo, perchè quà non multiplica gente. È vero chè si dice per alcuni chè deveno venir fino a iiij milia Guasconi balestrieri, ma io non ne o altro. Li mille ducento fanti che erano venuti di Provenza con monsignor di

Sarnon[1], sono mandati verso Vercelli, perchè, nè monsignor predecto, nè sua compagnia, son voluti ire a Napoli. Appresso del re son rimasti pochissimi gentilhomini. In corte par poca gente, perchè ogn'homo è ad Vercelli. Hier mattina si partirno da Moncalieri circa di mille Svissari et 600 Guasconi, et vanno a Nixa con monsignor d'Arban, per imbarcarsi et ire al soccorso del Reame con la Nave di Rodi, la Galeassa et non so chè altri legni. Mi par d'entendere vi sia la Forbina. Non so sè è vero. Mi par chè sia appuntato chè devino partire lunedì, o circa, di là ; et grido è che vadino a Napuli ; non so sè havessino qualchè fantasia di tentar le coste di Genua, hora chè è exprovisto. Il cardinal di Genua son più di chè non è quà : si dice chè è alli bagni de Aquis, et M. Biecto si dice chè è in Asti, è assai di chè non è stato qui ; M. Batista è qui appresso al re. Non so quel debbe sequire, scripsivi come era qui un Niccolò Midei, fuoruscito di Siena, qual tentava innovare qualche cosa là, con lettere di quà. Et demùm hoggi ha havuta dui lettere da monsignor di Ligni, me presente, delle quale, una va a Luisi di Villanova[2] ch' è costì in Pisa con ducento fanti, l'altra, non so a chi vada. Epso si parte stasera o domattina infallanter, dovea ire con Marcobaldo, ma non mi pare trovi qui cavallo per Saona. Ve ne do adviso perchè, per la vicinità che havemo, questa cosa porria essere, et non essere ad vostro proposito.

Monsignor di Samalò è (a) Turino. Qui è monsignor di Bresse, la Trimolle et Ligni. Monsignor[3] d'Argenton è ito ad Casale per continere in offitio quel stato, perchè s'è inteso, là esser venuto il Vescovo di Como, oratore del Duca di Milano, et parse necessario l'andare del prefato monsignor. Fino ad hora, quà non se intende chè il signor Constantino sia volto ad altro obiecto chè alla vogla del re. Di Novara non ci è, se non chè assai patisce. Del Reame, chè Fabritio[4] e'l conte di Popolo han variato già più dì, mà non ce n'è lettere, etc.

(Regio Archivio di stato in Pisa. — Comune. — Lettere agli Anziani della seconda Libertà, f. I, c. 274.)

XII. Cote.

Lettre de Lotto[5] Malveti au sujet d'un corps de troupes venu de Gênes,

(1) M. de Sarnon, originaire de Provence. Comines dit qu'il était grand ami du cardinal de Saint-Pierre et très hardi parleur. Guicciardini, t. I, p. 89, éd. cit.

(2) Louis de Villeneuve, sire de Trans et de Serenon ; le même que M. de Sarnon, premier marquis de France. Né en 1451, il mourut en 1516. Il était ambassadeur de France auprès du Saint-Siège en 1498. On croit qu'il fut chargé des négociations relatives au divorce de Louis XI.

(3) C'est Philippe de Comines l'historien.

(4) Fabrizio Colonna, un des cousins de Prospero (Guicciardini, éd. cit.), avec le comte de Popoli, seigneur napolitain ; ils abandonnèrent la cause française après le départ de Charles VIII.

(5) Lotto Malvetti. — Le même que Lucio Malvezzi, capitaine originaire de

qui donne ombrage au commandant français de la citadelle. Lotto Malveti se met à la disposition du conseil des anciens pour toutes les mesures qui pourront rassurer ledit commandant. Cascina, le 10 septembre 1495.

1495, settembre 10.

Magnifici signori mei, Ho inteso questa sira el capitano francese de citadella, hanne presso ombra de la venuta di questi soldati che vengano da Genua, chè me dispiace assai, et conforto le signorie vostre ad fare ogni cosa possibile per contentarlo, et sè li pare, li pò contentare chè vengano quì, et li mandarò sete, octo cento de questi quà, chè serano assai più al preposito ; et li arecordarò chè avendo il capitano tocatone quela parte, chè, non provedendo, nui, a li bisogni de la citadella, chè li serà forza acostarsi con chi lo aiutarà bene e volentiera. Io li ofereria chè per quelo potesse, chè io faria ogni cosa ; et revera, lo faria in qualche parte chè me pareria non pottese sè non essere a proposito ; et de tuto quelo che sucede, prego le signorie vostre, me lo facia intendere et solicitare. Li falconeti, et de li guastatori vengano ; non più per questa sira. A le signorie vostre mi aricomando. Casine, die 10ª septembris 1495.

Servitor Lotius Malvetius.

(Regio Archivio di stato in Pisa. — Comune. — Lettere agli Anziani della seconda Libertà, f. I, c. 329.)

XIII

Lettre de Piero de Vecchiano ambassadeur Pisan à Lucques.

On a appris que le comte de Pitigliano a été blessé à Novare, et que cette ville est serrée de près.

Le capitaine Fracasse est arrivé de Gênes avec une troupe nombreuse. On s'étonne généralement de l'assaut donné par les Florentins à Pise, cette ville passant pour munie de tout ce qui est nécessaire à la défense. Les Anciens de Pise sont exhortés à la résistance et à la vigilance. A Lucques tout un couvent de saintes religieuses prie jour et nuit pour le salut de la Patrie.

En Post-Scriptum : On dit que M. de Lille a reçu des Florentins 30,000 ducats destinés au commandant de la forteresse, lequel aurait promis de leur livrer Pise sous deux jours.

Lucques, 14 septembre 1495 (style pisan).

Bologne, et au service de Pise. C'est lui qui, cette même année, enleva aux Florentins Librafatta avec le secours des Français. Ennemi des Bentivoglio, il quitta le service de Pise, lorsque les Pisans les enrôlèrent. Guicciardini, t. I, p. 145, éd. cit.

XIV

Lettre de Pietro da Vecchiano ambassadeur pisan à Lucques.

Messire Francesco del Lante a apporté à Lucques la mauvaise nouvelle que Pise était prise, et que tout était perdu, l'ambassadeur pisan qui était à table est couru au Palais de la seigneurie, où on n'a pu lui dire rien de précis. Enfin est arrivé Alberto di Giovan Alberti, et plusieurs autres Pisans, desquels on a pu savoir la vérité, et apprendre la belle conduite du capitaine de la citadelle et des autres Français de la garnison. Pierre de Vecchiano et ses compagnons ont passé de la mort à la vie et remercient Dieu.

Lucques, 15 septembre 1495 (style pisan)[1].

XV. Cote.

Guillelmo Aiutamicristo, au nom de la colonie pisane, établie à Palerme et dans toute la Sicile, remercie le conseil des Anciens de Pise de la lettre qu'ils lui ont écrite, et des bonnes nouvelles qu'elles contient. Il félicite le gouvernement communal de s'être soustrait à la tutelle des Français pour se jeter dans les bras de la Ligue. On doit croire que les Florentins laisseront un peu de repos à la commune patrie, maintenant surtout qu'ils sont engagés dans une guerre civile, avec leurs exilés commandés par Piero de' Medici. Les anciens de Pise peuvent compter sur l'aide et les secours des Pisans établis en Sicile, à moins que le gouvernement local ne les en empêché. On compte sur d'autres lettres, et sur des nouvelles plus heureuses encore. Palerme, 18 septembre 1495[2].

1495, settembre 18.

Magnifichi et il locu di mei maiuri frati, per una di li magnificencii vostri, fatta in Urbe Rome, a li VI del presenti, havrimu intisu la nostra chità di Pisa, per certu rispectu, luquali non bisogna exprimiri, havia stata per li Illustrissimi potencii di la Liga, ricolta in quilla. La quali Liga ha promisu quilla manuteniri in libertà. È cosa multu bona, et yo chei mi ni sunu multu allegratu, chei sendu in la ditta Liga, et fora di mani di Francisi, speru in lu omnipotenti Deu sempri si manterrà in libertà. D'altra parti, essendu in la liga, Firintini non pensirannu quilla a noyari nè molestari, et maximè sequendu frà loru li bellu intestinu, chei lu magnifico Pieru di Medichi vada cum la Signuri Virgiliu versu la ditta

[1] Il s'agit de l'assaut tenté sur Pise par les Florentins et qui faillit réussir. Mais d'Entragues, commandant de la citadelle, qui, malgré les ordres du roi, favorisait les Pisans, arrêta les assaillants à coups de canon et sauva la ville.

[2] Cette lettre est écrite en mauvais dialecte sicilien mélangé de toscan.

chità di Firenza, per mutari quillu statu, chei a Deu placza acussi sequa, perchei li confusioni loru (et maxime havendu promissu li ditto magnifico Piero a la dicta Illustrissima Liga non si inpachiari di facti di Pisa); sarà lu riposu et quietu nostru; pretereà per mectiri ad effectum quillu mi haviti scrittu, ho mostratu la dicta vostra lettera ad tucti di la nacioni nostra, chei in quista chità si trovanu, di chei li magnificencii loru hannu piglatu piachiri assai, et allegratusi chiascunu intendiri li cosi nostri piglanu caminu di prosperità; d'altra parti, chiascunu di nui vi rin gratia assai, chei vi habiati dignati darini havisu di li felichi successi di la nostra comuni patria, et tucti vi pregano, et yo insemi cum loru, vi sia piachenti chei sempri chei vi sarà comodu lu potiri, ni scriviri, ni havisati ad plenum, chei caminu pigliranuu li cosi di quella chità, chei Ydeu sia quillo la prosperi, comu chiascunu di nui desidera. Certificandovi chei hora chei è fora di li manu di li dicti Franzosi, tegnu per sicuru lu statu nostru, et maximè chei standu in lor manu, sempri dubitai chei per dinari farebinu quillu, chei comu sapiti fari volivanu. Sia Ydeu ringraciatu chei lu designu loru non li reuxì, chei si reuxitu li fussi, ni haverebbinu posti in gran confusioni. Havisandovi chei aspectu vostri litteri cum desideriu per intendiri quillu sia sequitu di la chitadella nova, et ancora di li furtiliczi di Liburna, chei a Dio sia piachenti prestu si intendi tali furtiliczi siano fori di loru manu. Et quantu al factu chei li Pisani chei su di quà, prestino a quilla chità lu succursu chei purrannu, rispund (u) chei si pratichirà cum licentia del regimento di quà; haviri licencia:..

Et siati certi chei havendu tali licencia, ogni homu chei virrà. . . . . .
[La lettre est en partie détruite].

Di Palermo, a di xviij di septenbri M° CCCC° lxxxv presto, a li ordinasioni di li magnifici . . . . . . chei a quillu si racomanda.

GUGLELMO AYUTAMICRISTU.

f Au dos, on lit une adresse effacée et dont il reste seulement ces mots: scolo concistoriali. . . . . . . viris dominis.

(Regio Archivio di stato in Pisa. — Comune. — Lettere agli Anzian della seconda Libertà, filza I, c. 266.)

XVI

Lettre des Anciens et du Gonfalonnier de justice de la commune de Lucques, par laquelle ils enjoignent à tous leurs officiers et dépendants, d'aider M. de Lille, gentilhomme français, dans la recherche qu'il fait de deux mulets qui lui ont été volés. Lucques, 30 septembre 1495.

1495, settembre 30.

Antiani et Vexillifer Iustitie populi et communis Lucensis.

Con ciò sia cosa chè à Monsignor di Lilla[1], francese, siano stati rubbati et tolti due suoi muli, et desideri da noi, come buoni amici et filioli della christianissima Maestà del Signor re, in la recuperactione de' dicti mulli aiuto et favore, pertanto comandiamo a tutti et singuli nostri officiali, soldati, stipendiarii, et nostri homini et subditi, chè, allo exibitore della presente nostra, diano et prestino ogni favore possibile circa tale recuperatione di muli, sotto pena della nostra indignatione et disgratia.

Data in nostro palatio, die xxx septembris 1495.

Jo. CANCELLARIUS.

(Regio Archivio di stato in Pisa. — Lettere agli Anziani della seconda Libertà, f. I, nº 265.)

XVII

Lettre de Piero Griffi, ambassadeur pisan à la cour du duc de Milan.

Le duc de Milan se montre très incliné à la paix. On soupçonne que le roi de France y est pour quelque chose. Les ambassadeurs vénitiens au contraire ne veulent point entendre parler d'accord, et se montrent bien disposés pour l'indépendance de Pise. Ils engagent les Pisans à s'appuyer surtout sur la République de Venise. Novare, 1er octobre 1495. (Style pisan.)

XVIII

Lettre de Borgondio, ambassadeur pisan à Rome.

Trente galères vénitiennes voguent vers la ville de Naples. Les Français, après leur victoire de Salerne, se sont fait battre près de la première de ces deux villes, et ont perdu tout un convoi d'approvisionnements qu'ils destinaient au ravitaillement de leurs forteresses. La flotte française a été dispersée par la flotte espagnole. En somme, les choses prennent une excellente tournure pour le roi Ferdinand. Une conjuration en faveur des Français a été découverte à Naples. Soixante gentilshommes, presque tous capouans, ont été emprisonnés.

Rome, 19 octobre 1495. (Style pisan.)

XIX. Cote.

Lettre du français Destouteville aux Anciens de la commune de Pise, où il leur annonce que le roi a quitté l'Italie, et doit se trouver à Lyon vers la Toussaint. Messire Pierambrosio Boezio, son envoyé, leur donnera des nouvelles plus détaillées. Il part lui-même et espère qu'arrivé près du roi, lui et ses amis pourront rendre quelque service à un pays qu'ils aiment d'une affection sincère. Asti, 25 octobre 1495.

[1] Peut-être l'évêque de cette ville (?)... ou un simple homme d'armes.

La lettre est écrite en italien et signée en français. Le tout vostre amy Destouteville. (Style vulgaire).

1495, ottobre 25.

Magnifici Domini, omni commendatione premissà etc... Avanti ieri venimo quì in Asti, dove intendemo la Maestà del Re esser partita per passar li Monti, et deve esser a Lion in questo ogni santi. Et per questo, vi mandiamo Messer Pierambrosio Boetio, il quale vi darà avizo di nostro buono essere et del nostro andare. Hoggi partiamo di quì, et spero chè quando saremo al re, chè faremo qualchè cosa di bene per cotesta patria, alla quale porto affectione, et desidero farli piacere. Nec plura. Ex Hasti, die 25 octobris.

Le tout vostre amy :

DESTOUTEVILLE [1].

(Regio Archivio di stato in Pisa. — Comune. — Lettere agli Anziani della seconda Libertà, filza I, c. 328.)

XX

Lettre de Borgondio Leoli, ambassadeur pisan à Rome.

Le roi de France et le duc de Milan ont traité entre eux des affaires de Pise. Grâce à l'intermédiaire de Saint Malo, le duc a promis, sous réserve du consentement de l'Empereur, qu'il cesserait de s'en occuper. Cependant on a des raisons de croire que le duc ne se croira pas lié par cet engagement.

Rome, 25 octobre 1495 (style pisan).

XXI

Lettre de Pietro de Vechiano, ambassadeur pisan à Lucques.

Benedetto Buonvisi lui a appris qu'on attend à Florence un frère du commandant de la citadelle, accompagné d'un autre Français, dont le nom est inconnu, lesquels ont pour commission de faire livrer la forteresse aux Florentins. On affirme qu'il n'en est rien, pourtant d'aucuns assurent que le susdit commandant a reçu un présent de deux mille ducats. Le bruit court également que les Florentins offrent quatorze mille

[1] Estouteville. Nom d'une très vieille famille normande qui fournit des compagnons à Guillaume le Conquérant. Je crois qu'il s'agit ici de Michel, sire d'Estouteville, neveu du cardinal de ce nom, et qui servit, en 1450, aux sièges de Caen et de Cherbourg. La famille se termina par une fille au commencement du XVIe siècle. Et celle-ci épousa François de Bourbon, comte de Saint-Paul.

ducats au roi de France pour secourir Naples, mais qu'ils ne veulent rien donner avant d'avoir la citadelle en leur puissance. Lucques, 5 novembre 1495 (style pisan).

XXII. Cote.

Extrait d'une lettre de Pietro da Vecchiano, écrite de Lucques aux Anciens de la commune de Pise, où il leur apprend que, d'après des nouvelles de Florence, Mgr de Montpensier et le prince de Salerne, ne laissant dans le Château Neuf de Naples que la garnison indispensable, en seraient sortis avec mille hommes pour rejoindre le gros des troupes françaises. Lucques, 9 novembre 1495.

1495, novembre 9. — Lettera di Pietro da Vecchiano scritta da Lucca agli Anziani di Pisa.

Omissis precedentibus.

Altro non ci è di nuovo, excepto si dice per lo vulgo, come alcuno ha di nuovo da Fiorenza, come Monsignor[1] di Buonpensier e il principe di Salerno, siano usciti di Castel Nuovo di Napoli, havendo lo lassato con quelle poche gente che erano abbastanza a guardarlo, et chè con circha 1000 persone, siano andati per coniungersi con altre gente franciese, che sono in campo per lo re di Francia, per molti non si crede, non l'o di luogo fondato, non la scrivo molto autentica, etc. etc...

(Regio Archivio di stato in Pisa. — Comune. — Lettere agli Anziani della seconda Libertà, filza I. c. 341.)

XXIII. Cote.

Lettre de Pierre de Vecchiano, ambassadeur pisan à Lucques.

Il vient d'apprendre que le roi de France envoie en toute hâte à Pise un courrier, nommé M. de Gimelle[2], pour ordonner au commandant de rendre immédiatement la citadelle aux Florentins. Lucques, 23 novembre 1495 (style pisan).

[1] Gilbert de Bourbon, comte de Montpensier, était fils de Louis, aussi comte de Montpensier, et de Gabrielle de la Tour, fille de Bertrand VI, comte d'Auvergne et de Boulogne, baron de la Tour, et petit-fils de Jean Ier, duc de Bourbon. Il épousa Claire de Gonzague, fille de Frédéric, marquis de Mantoue, et sœur de François, aussi marquis de Mantoue. Il mourut dans la campagne de Naples, en captivité au camp de Baia. « Monseigneur de Montpensier, dit Comines, était bon chevalier et hardi, mais peu sage; il ne se levait qu'il ne fût midi. »

[2] M. de Gimelle, gentilhomme de la chambre du roi, envoyé aussi par Charles VIII, avec Camillo Vitelli, pour enrôler Virgilio de' Orsini au service de la rance, et le faire marcher au secours du Napolitain, ce qui arriva effectivement.

XXIV

Lettre de Borgondio Leoli, ambassadeur pisan à Rome.

Borgondio Leoli annonce aux Anciens de Pise que le Roi d'Espagne a déclaré la guerre au Roi de France. Rome, 25 novembre 1495 (style pisan).

XXV

Lettre de Borgondio Leoli, ambassadeur pisan à Rome.

La rupture entre le roi de France et le roi d'Espagne peut être considérée comme certaine. Bien plus, le premier né de ce dernier épousera la fille de l'Empereur, si bien que l'on peut prévoir que Maximilien prendra parti pour le père de son gendre. Charles VIII, avec tant d'occupations sur les bras, ne pourra guère retourner en Italie. Il serait donc à propos d'obtenir du capitaine français la reddition de la citadelle, ce qui serait un grand pas vers la liberté. Pierre de Médicis donne de grands embarras aux Florentins. Cela permettra aux Pisans de licencier une partie de leurs troupes. Le roi de France étant écarté des affaires d'Italie, Venise et Milan ne pourront tarder de se brouiller. On pourrait, en s'y prenant bien, leur faire apprécier l'alliance de Pise.

Les Gênois ont tardé si longtemps à armer leur flotte, qu'ils ont laissé le temps au Pape de lancer l'excommunication contre ceux qui la monteraient. L'auteur termine sa lettre en conseillant aux anciens de s'adresser à Venise, car si peu que cette république les secoure, par jalousie, le duc de Milan se hâtera d'en faire autant. Rome, 29 novembre 1495 (style pisan).

XXVI. Cote.

Lettre de Piero da Vecchiano[1], écrite, de Lucques, aux Anciens de la commune de Pise, où, ayant appris par la voix publique qu'ils sont dans l'intention de faire exécuter la statue équestre, en bronze, du roi Charles VIII, il leur propose, pour ce travail, deux artistes de mérite, dont l'un est d'origine pisane. Lucques, 1er décembre 1495.

1495, décembre 1. — Lettera di Pietro da Vecchiano scritta da Lucca agli Anziani di Pisa.

Magnifici et illustrissimi domini, domini mei, etc.

Essendo venuto quà a notitia, come par chè il capitano di cittadella nuova, richiede à Vostre Magnifiche Signorie, chè voglino dare opera si

[1] Pietro da Vecchiano était l'agent de la commune de Pise à Lucques.

fabrichi uno cavallo di bronso con la statua della Maestà del re di Francia suso, per situarlo in Pisa, al ponte, alla qual cosa expedire, vi darà il bronzo di qualchuna di quelle bombarde che lui ha. Di chè, quandò V. M. S. volesseno mandare tale opera ad effecto, essendo in questa terra homini sufficientissimi, desiderosi di haver honore, credo sè a loro sarà comisso tale lavoro, quelle ne resteranno ben satisfacte, sì di essere servite presto, sì etiam di fare tal gitto, che da tutti li valenti homini del mondo sarà approvato, presertim la figura[1] del re, ciò è la testa e dal mezo in su, sarà al naturale. Questi sono maestro Mattheo da Civitale, et Francesco da Marti orafo. L'uno di loro è optimo scultore, l'altro optimo aurifice; tutti due pratichi di gitto, et intelligenti grandemente di disegno. Quando Vostre Magnifiche Signorie determinasseno intendere da loro (quando di loro pensaste fusseno il bisogno), verranno costà ad intendere e a dimonstrare quello si havesse a fare, et farebbeno capaci V. M. S. di tutto quello havesse a risultare in honore e utilità di quelle. Francesco è de' nostri et buon pisano, Maestro Matteo di animo et buona voluntà non mancho. D'accordio saranno insieme a servir Vostre Signorie, quando tal cosa voglino a loro conmettere, et dare loro a fare tal lavoro. Per satisfare allo officio mio, ne ho volute dare notitia à V. M. S., etc.

(Regio Archivio di stato in Pisa. — Comune. — Lettere agli Anziani della seconda Libertà, f. I, 254.)

XXVII. Cote.

Lettre de Pietro Vecchiani, ambassadeur pisan à Lucques.

On dit que les Vénitiens envoient le marquis de Mantoue au secours du roi Ferdinand. La chose est douteuse, car le Pape fait tout ce qu'il peut en faveur du roi d'Espagne. Le prince de Salerne et le prince de Bisignano[2] tiennent la campagne contre lui en faveur des Français. Les habitants d'Aquila ont pris parti pour le roi de France. Le roi Ferdinand aurait pris quelques avancées au Château neuf, il s'emparera certainement de cette forteresse si elle n'est secourue. Lucques, 7 décembre 1495. (Style pisan.)

[1] Les armes de la République de Florence étaient un lion. Il y en avait un à Pise fort grand, élevé sur un pilier de marbre, au bout du pont d'Arno, et qu'on appelait le Marzocco. A la place du lion, les Pisans érigèrent une statue de Charles VIII. Mais lorsque Maximilien vint à Pise, ils l'ôtèrent et lui substituèrent une statue de ce prince.

[2] Bisignano. Ville de la Calabre citérieure, à vingt-deux kilomètres nord de Cosenya, siège d'un ancien évêché. Le prince de Bisignano appartenait au parti français, et était le frère du prince de Salerne.

XXVIII. Cote.

Extrait d'une lettre non signée d'un agent de la commune de Pise, où il annonce que le Pape s'est remis à la discrétion du Roi. Ce dernier a différé son entrée dans la ville pour la faire plus pompeuse; les seigneurs et les cardinaux du parti français se préparent à aller à la rencontre du Roi jusqu'à la distance de 12 milles, et lui offriront un présent magnifique. Les dispositions du Roi envers Pise sont excellentes, et l'on s'appliquera à les rendre meilleures. Que les Anciens agissent donc vigoureusement, et qu'on entende parler de leurs progrès. Le bruit court que sept à huit mille Français doivent marcher sur Rome et que les Pisans seront autorisés à en retenir autant que bon leur semblera. Rome, le 29 décembre 1495.

1495, décembre 29. — Lettera senza firma scritta da Roma agli Anziani da Pisa.

Omissis precedentibus.

Io ero venuto in Roma per cagione chè il Duca di Calabria se era partito, e il papa, se era dato a discritione al nostro re, et credevo chè statim, il Re dovessi intrare in Roma, come per tutti si dicea. Horà, il venir suo si differisce, per respetto chè sua Maestà vuol fare intrata pomposa. Et per questo domattina, io, insieme con Adriano, vado ad informare il Re di tutte le cose sequite ; et di là vi darò aviso delle resolutioni che spero, fieno optime, perchè la voluntà del Re è perfecta et immaculata verso di noi, benchè de mostri alcuna volta il contrario. Et però, ad voi bisogna una soma di cervello in adattarvi al tempo con prudentia et ingegno, et guardatevi dalli infedeli et traditori, et de altro non dubitate.

Io giunsi quì in Roma non hier l'altro, et ho trovato questi nostri tanto bene dispositi ad fare ogni cosa, et di dispendio et di fatícha quanto si possi imaginare, et verè sono un collegio d'homini da bene, et da extimare, et hanno facto quì gran provisione, et con casa Colonna, et con Savelli, et altri cardinali et signori, le quali a presso del nostro re assai gioveranno : oltre chè hanno ordinato al re, presente magnifico quandò verrà, et prima li voglono venire incontro 12 miglia, et tante altre cose che io non vi porrei narrare. Et ecci huomini prudentissimi di sorte chè, Dio volessi, ne fussi assai costì : non mancano in cosa alcuna, etc.

Omissis precedentibus.

Quì è lettere di mercanti fiorentini chè voi siete intrati in citadella nova, et la tenete per lo re nostro, chè mi paiano fabule: pur danno admiratione, si chè, sollicitate s'intendino i nostri progressi. Le cose di quà sono totalmente aconcie, et brevi il re verrà in Roma, et vedrete quel sequirà delle cose nostre, chè non potavamo havere miglor nuova chè questa compositione col papa.

Questi signori di Corte, nostri amici, ne hanno facto intendere come costi si expecta septe, in otto milia homini franciosi, de' quali, come per altra vi scripsi, potrete come da voi ritenerne quella quantità · i parrà, et di quà si farà provisione d' lettere chè epsi resteranno, etc.

(Regio Archivio di Stato in Pisa. — Comune. — Lettere agli Anziani della seconda Libertà, f. I, c. 372.)

XXIX. Cote.

Lettre de Pietro Griffi, ambassadeur pisan à Rome, aux Anciens et au Gonfalonier de justice de la commune de Pise.

Les négociations entre le Pape et le roi de France ont été menées à bien, malgré les efforts des ennemis de Pise. Ce matin, tous réunis, ils se rendront auprès de Charles VIII, et feront connaître ce qui est advenu. Un Français, qui doit aller à Pise n'est point encore parti parce qu'il emportera avec lui le texte du traité. Les Pisans établis à Palerme ont écrit au roi de France: ce matin, ces lettres lui seront présentées. Ils promettent beaucoup, mais il y a lieu de croire qu'ils exécuteront leurs promesses. Rome, 13 janvier 1495 (style pisan, 1496 en style vulgaire).

XXX. Cote.

Lettre de Leonardo Cesano, ambassadeur pisan à Piombino.

Il a présenté ses lettres de créance au prince de Piombino, qui les a reçues avec beaucoup de bienveillance; sitôt qu'il deviendra évident qu'une pareille entreprise est avouée par le Roi Très Chrétien, le prince montera à cheval et donnera suite à ses promesses. Il veut aussi l'avis du duc de Milan, mais on pense qu'il se contentera du consentement du Roi de France. En attendant, le prince de Piombino rassemblera ses troupes. Il serait bon que la commune de Pise envoyât au plus tôt la liste des avantages qu'elle entend faire à son futur général. Le bruit court que M. de Saint-Malo a été nommé cardinal. Piombino, 21 janvier 1495 (style pisan).

XXXI

Giovan Bernardino aux Anciens de Pise.

Un seigneur français est arrivé à Cascina avec soixante-quinze cavaliers, parmi lesquels cinquante balestriers à cheval. On dit qu'il est envoyé par le cardinal de Saint-Malo. On l'a reçu avec tous les honneurs possibles. Cascine, 15 février 1495 (style pisan).

XXXII. Cote.

Lettre de Lodovico Mondello aux Anciens de Pise.

Au camp du duc de Milan, il a appris que le roi de France a pu se retirer à Asti avec son armée. Il a perdu beaucoup de monde par la fièvre, la fatigue et les blessures. Le capitaine Fracassa qui commande à Tortone, invité par Sa Majesté est venu le voir deux fois, et il a plu à tout le monde. M. d'Orléans est à Novare. L'armée de la Ligue compte près de vingt-cinq mille hommes et une nombreuse artillerie. Samedi dernier ils ont fait une grande revue pour épouvanter les assiégés. Trois mille cavaliers allemands sont à Alexandrie, et les châteaux aux alentours de Novare sont tous approvisionnés. Le canton des Grisons a fait une démonstration sur les confins du Milanais. Le duc y a envoyé des troupes. On parle beaucoup de paix, et partout on prépare la guerre. On espère avoir Novare par famine. Galeazzo est grand ami de Pise, et lui conseille de faire ligue avec les Gênois, les Siennois et les Lucquois. Le capitaine Fracassa offre en ce cas ses services avec deux cents hommes, pour 2,500 ducats par an. Il voudrait savoir si les Vitelli sont réellement au service de la commune, pour se gouverner à l'occasion. La Ligue est ennemie des Florentins. Camp du duc de Milan, Vigevano, 27 juillet 1496 (style vulgaire).

En post-scriptum : Les Florentins occupent Barne, et il a dû venir par les Apennins. Il croit devoir donner cet avis aux Anciens.

XXXIII. Cote.

Lettre de Pietro Griffi, ambassadeur pisan près le roi de France, écrite de Chieri aux Anciens de Pise.

Dans sa dernière lettre, il a fait savoir aux Anciens que les Florentins s'employaient de leur mieux pour obtenir la restitution de Pise, mais que les gentilshommes de la cour de France étaient favorables aux Pisans. Il n'a qu'à répéter la même chose dans cette nouvelle lettre, et espère que leurs ennemis en seront pour leurs frais. Il est connu ici que les Florentins promettent beaucoup et ne tiennent guère. Ils pourront obtenir par surprise un ordre de restitution de la citadelle. Mais le commandant de celle-ci est attaché aux Pisans. M. de Ligny, un de leurs amis, est de cet avis. Aussi les Anciens doivent-ils, par tous les moyens possibles, se rendre favorable le gouverneur de la forteresse. Il a présenté ses lettres au Roi qui était à Turin. Après en avoir pris connaissance, Sa Majesté a assuré que rien n'était encore conclu, qu'il ne ferait rien du reste sans avoir assuré l'avenir des Pisans, mais qu'il était obligé parfois de feindre à cause de la Ligue. Novare va être secourue, on y a déjà fait entrer deux cents sacs de farine. Chieri, 21 août 1496 (style pisan).

XXXIV. Cote.

Extrait d'une lettre d'Alessandro[1] Negroni écrite de Gênes aux Anciens de Pise, où il leur annonce que, suivant toute probabilité, Charles VIII ne viendra pas en Italie cette année. Huit cents cavaliers sont à Asti; on en attend jusqu'à deux mille. Dans les ports de la Provence, douze galères sont prêtes, ou à peu près. D'aucuns disent qu'elles doivent porter des renforts aux Florentins. De gros corps de troupes stationnent en Provence et dans le Midi, pour faire face à l'armée du roi Ferdinand qui se trouve entre Perpignan et Girone. Le royaume de Naples est presque tout entier dans les mains des Espagnols; seule Gaëte tient ferme. Gênes, le 6 septembre 1496.

1496, settembre 6. — Lettera di Alessandro Negroni scritta da Genova agli Anziani di Pisa.

Omissis precedentibus.

Della venuta del christianissimo Rei in Italia, non pare già si possia dubitare per questo anno : ancora non se ha nova sia ritornato a Lione. In Hast, como se dice, suono venuti da cavalli 800, et havi a venire lo compimento fin in 2000. In Proensa, suono quasi ad ordine Galee 12. Alchuni dichono vogliano venire a turbare qui, de chè puocho si dubita, altri dichono cum quelle se arman etiam alchuni gallioni, in qualli monteranno fanti e chavalli per pasare a Livorna, in favore de' Fiorentini, como questa mattina si dice, e me è paruto bene darne avizo a V. S. a ciò habiano a considerare abizogno. Suono in Provenza 500 lancie e Svici 3000, como se stima, per opposito de la gente de lo serenissimo Rei de Spagna, qualle si trova tra Gyrona e Perpignano, cum cavalli 10,000, i qualli se dice essere 3,000 homini de arme e più da 14,000 fanti. Qui suono le octo Galee venete, venute verso costì, e le nostre doe Justiniane, e se bizognerà se armerano de altre. Lo serenissimo Rei Ferrando, per lettere fresche verso Roma, havia quasi obtenuto tuto lo Regno. Gaeta verò, stava firma, ma se stima chè se intenderà lo christianissimo Rei non doveire pasare, chè anchora lei prenderà partito. Hec sunt que habemus : accadendo altro a la giornata, degno de vostra notitia, darò advizo a V. S. Dio voglia provedere dove bizogna, etc...

(Regio Archivio di stato in Pisa. — Comune. — Lettere agli Anziani della seconda Libertà, filza I, c. 307.)

XXXV. Cote.

Extrait d'une lettre qu'écrivent de Gênes, aux anciens de Pise, Tomaso

[1] Alessandro Negroni était l'agent des Pisans à Gênes.

Betti et Marcobaldo, où ils annoncent que la paix est sur le point d'être conclue entre le roi de France et la Ligue italienne, et énumèrent les conditions qui sont exigées de part et d'autre. Gènes, 28 septembre 1496.

1496, settembre 28. — Lettera di Tommaso Betti e di Marcobaldo agli Anziani di Pisa, scritta da Genova.

Omissis precedentibus.

Per dare a Vostre Illustrissime Signorie qualchè adviso de' facti della Serenissima Lega colla Maestà del Re, sappino quelle chè la pace è quasi conclusa, et fermati li capituli, fra li quali, s'intende in primis, ex parte Lige, la restitutione di Novarra, et il lassare la Maestà del Re ogni inpresa di Lombardia, et la observantia d'ogni obligatione che havesse la Maestà del Re al Serenissimo Imperadore. Ex parte verò Regis, si obtene facultà di potere armare a Genova, per li soi denari, per la impresa di Napuli. Item, chè la Lega revochi ogni aiuto dato al Re Ferrando cosi per mare, come per terra.

Item, chè la prefata Serenissima Lega facci revochare alla Santità di nostro Signore, ogni excommunicatione et censura, per sua Santità fulminata, contra sua Maestà.

Item, chè per alcuno tempo, la Lega o la Santità di Nostro Signore, non riscognosca alcuna cosa facta contra quella per il perfecto, nè se n'abbia fare alcuna vindicta.

Et di queste chose, castor urbs pluto [1], *vole per sua sicurtà il castelleto di Genova* [2], si deponghi in terra et neutrale persona, et Nephas [3] in questo accordio non è . . . . . . a milla : il chè si giudichi per tutti questi signore, essere a nostro buono proposito : chè cosi a Dio piaccia, etc...

(Regio Archivio di stato in Pisa. — Comune. — Lettere agli Anziani della seconda Libertà, filza I, c. 285.)

XXXVI. Cote.

Lettre de Tommaso Betti, ambassadeur pisan à Gènes.

A propos de la flotte, il ne peut que répéter ce qu'il a déjà dit dans d'autres lettres. Les Génois offrent leur concours au roi de France pour deux mois, à condition que leurs vaisseaux seront montés par leurs nationaux commandés par des commissaires du pays. Il sera cependant permis de mettre vingt-cinq fantassins français sur chaque navire, et si au bout de deux mois le roi de France n'a pas restitué à la Banque de Saint-Georges, Sarzana, Sarzanello et Pietra Santa, les Génois seront libres de faire de leur flotte l'usage qu'il leur plaira. On doute que ces conditions soient acceptées. Gènes, 7 novembre 1496. (Style pisan.)

[1] *Castor*, etc., le roi de France.

[2] Toutes les paroles soulignées sont en chiffres.

[3] *Nephas*, les Florentins.

XXXVII. Cote.

Lettre de Tommaso Betti, ambassadeur pisan à Gênes.

Le duc de Ferrare et celui de Milan ont muni diverses forteresses ; quant à la flotte, on croit qu'elle ne sortira pas du port, car les Frégoses qui sont au pouvoir hésitent à remettre tant de galères entre les mains des Français, ce que les Adornes au contraire feraient volontiers. Naples ne sera donc pas secourue, et vu les secours envoyés par les Vénitiens à Ferdinand, il ne tardera pas à avoir tout le royaume à sa discrétion. Gênes, 13 novembre 1496. (Style pisan).

En post-scriptum. Des lettres d'Avignon parlent de nouveau d'une rupture entre le roi d'Espagne et le roi de France.

XXXVIII. Cote.

Les Anciens de la commune de Pise reprochent à leurs ambassadeurs auprès du roi de France la négligence qu'ils apportent dans leur correspondance, et les engagent à être plus exacts à l'avenir. Ils leur racontent en même temps les aventures d'un Français, nommé M. de Lance au poingt. Cet homme d'armes, étant venu de Florence pendant la nuit, et ayant demandé à parler au commandant de la citadelle, les Anciens, de connivence avec le susdit commandant, l'ont fait arrêter et l'ont trouvé porteur de lettres du roi, du duc d'Orléans et de M. de Ligny, qui ordonnaient la restitution de la forteresse. Lance au poingt a été honorablement traité, et a promis de présenter la chose sous le meilleur jour possible. On aimerait à savoir ce qu'il dira, et pour les explications, on s'en rapporte à la prudence des ambassadeurs. Pise, le 18 novembre 1496.

1496, 18 novembre. — Ad li Imbasciatori nostri apud regiam Majestatem Xristianissimam.

Son più giorni non haviamo haute vostre [lettere], di chè pigliamo admiratione et dispiacere, perchè sapete quanto c'importa havere nuove de' progressi e successi delle cose nostre per le quali siete costà.

Exorthiamvi per lo avenire al tenerci del continuo, certiorati di tucte le emergentie, et bisognando, expedire cavallari a posta, lo fate, sensa rispecto alchuno. Et perchè delle cose di quà habbiate informatione, vi diciamo come ne' giorni proximi preteriti, arrivò quì uno Fransese, nominato Monsignor di Lanza impugno, noctis tempore, venendo da Firenze, chiamò alla ciptadella nostra per parlare col capitano, et a quello dare lettere del nostro Xrisptianissimo Signor Re, del Duca d'Orliens, di Monsignor di Ligni, et d'altri che tucto erono in favore de' nostri adversarii, et chè alloro dovesse restituire la ciptadella, et di ciò, stringevano grandemente il decto Capitano. Noi lo mandammo a pigliare, et fuggendo, gittò parte di decte lettere in siepe; et parte in Arno, et tandem fù preso et ritrovato le lettere delle siepe e quelle d'Arno, ch'erono in uno cinto. Come piacque a Dio che aiuta la causa nostra, arrivorono alle mani delli homini della nostra fusta, et inlese, ci furono alcune presentate et sono tucte apresso noi. Al dicto Lancia impugno, per essere mandatario regio, si è facto grande honore, et le spese honorevole del continuo in palasso, et di poi facto accompagnare da homo da bene; ha promisso, per li decti rispecti, riferire tucto ben per noi, haremo caro intendere quello riferirà, et bisognando in ciò fare alchuna excusatione, o altra provisione, tucto rimettiamo in vostre prudentie.

(Sceau.)

(Regio Archivio di stato in Pisa. — Comune — Lettere agli Anziani di Pisa. — Lettere degli Anziani nella seconda Libertà, registro 42, ac. 12.)

XXXIX. Cote.

Les Anciens de la commune de Pise racontent à Messire Borgondio l'affaire de l'homme d'armes Lance au poingt. Pise, le 18 novembre 1496.

1496, 18 novembre. — Ad M. Borgondio.

Hyeri mattina chè fummo a di 15, venendo Monsignor Lansa impugno, mandato dalla Maestà del Re colle lettere comandatorie della restitutione della ciptadella, dui hore avanti giorno, il capitano non li volse mai parlare, mà lo fè tenere a bada alli Compagnoni, tanto lo sapemmo, et lo facemmo prendere, et havemmolo in le mani colle lettere, le quali lui havea buttate in Arno, et venendo sù per fiume, come volle Iddio, del quale procede ogni nostro aiuto, funno presi dalli Compagni della fusta nostra, ch'era tra l'un ponte et l'altro, cioè Vecchio et al Mare. Lasseremolo ire, chè cosi vuole il capitano, il quale oltra tucte l'altre demostratione et certeze d'essere nostro, ce ha demostro questa. Le Lettere che portava erano queste : Una del Re al capitano della restitutione sub pena indignationis, et un altra a Camillo [1] chè favorisse il mandato, chè andasse sicuro, et hauta la ciptadella, colle sue gente, si voltasse alla hauta del Reame di Napuli, un altra di Camillo al capitano, confortandolo a tal restitutione, et un altra del Duca d'Orleens et di molti poi di quelli Baroni di Corte, etc., etc.

(Sceau.)

(Regio Archivio di stato in Pisa. — Comune. — Lettere agli Anziani della seconda Libertà, registro 42, a. c. 16to.)

[1] Camillo Vitelli. — La famille Vitelli comptait parmi les barons de la Campagne romaine. Elle avait en seigneurie Città-di-Castello. Camillo Vitelli se distingua à Fornoue et reçut en don de Charles VIII une chaîne d'or.

XL. Cote.

Lettre de Tommaso Betti, ambassadeur pisan à Gênes.

Il désirerait savoir où en sont les affaires de Pise. A Gênes, à Milan et dans tout le Piémont on doute assez des bonnes intentions de Charles VIII à l'égard de la République. Il n'est bruit que de la disgrâce où sont tombés M. de Ligny et le commandant de la citadelle, les protecteurs avoués des Pisans.

Du duc de Milan il y a peu à espérer; il est lié avec le roi de France et manque d'argent. L'excommunication du Pape contre quiconque s'armerait contre le roi Ferdinand, a déjà été publiée à Gênes, si bien que tout le monde, même les matelots, a peur des censures ecclésiastiques. Le prince d'Orange a quitté Lyon sous l'accusation d'avoir été corrompu par de l'argent, pour conseiller la paix au roi de France. En France on tient conseil pour savoir si oui ou non le roi doit retourner en Italie. Les Pisans établis à Lyon n'écrivent aucune lettre, bien qu'on leur ait fait tenir le chiffre avec la clef. Gênes, 19 novembre 1496 (style pisan).

XLI. Cote.

Les Anciens de la commune de Pise exposent au roi de France les circonstances qui ont accompagné l'arrestation de Lance au poingt. Ils protestent qu'ils veulent vivre et mourir sous l'autorité et la protection de la Couronne de France. Ils l'assurent enfin qu'ils n'ont agi ainsi que dans son propre intérêt, l'indépendance de Pise étant indispensable à la réussite de l'expédition de Naples. Pise, le 20 novembre 1496.

1496, 20 novembre. — Alla Maestà del Re di Francia.

Post pedum oscula felicium. La singolare clementia et experta benivolentia ci porta vostra christianissima Real Maestà, et il desiderio et voto nostro, di servire ad quella et niente attentare che li habbi a dare displacentia, per le presenti c'induce certiorarla come, venendo da Firenze Monsignor Lanza in impugno, directo dalli nostri adversarii, per bono rispecto, honorevolmente, nel nostro palasso lo facemmo venire, et quivi honorato tandem. Al suo partire, lo facemmo, come gentile homo, associare, non volendo exequisse la commissione de' nostri adversarii, a noi grandemente preiudiciale, perchè era concernente della perdita di Pisa, la quale intendiamo tenere per vostra christianissima Real Maestà, et sotto la degna Corona di quella vivere et morire. Imperò chè la villa di Pisa è tanto necessaria ad la degna et justa impresa di Napuli quanto altra cosa, et essendo in nello essere chè è, potrà V. X^a R. M. di quella servirsi più chè essendo in le mani de' Fiorentini, li quali hanno sempre machinato contrà V. X^{a} R. M. la quale, come christianissima, non vorrà la cede universale et extinsione del nome pisano, et però, quanto possiamo, humilmente ci ricomendiamo ad V. X^{a} R. M. Die XX^{a} novembris 1496.

(Sceau.)

(Regio Archivio di stato in Pisa. — Comune. — Lettere agli Anziani nella seconda Libertà, registro 42 ac 17to.)

XLII. Cote.

Lettre d'excuses adressée au duc d'Orléans par les Anciens de Pise au sujet de l'arrestation de Lance au poingt, et de l'interception des lettres dont il était porteur. Ils supplient le frère du roi de les prendre sous sa puissante protection, et de persuader à Charles VIII que l'indépendance de Pise est nécessaire à la conquête et à la conservation du royaume de Naples. Pise, le 20 novembre 1496.

1496, 20 novembre. — Al duca d'Orléens[8].

Non habbiamo scripto per il passato ad Vostra Illustrissima Signoria, per non essere accaduto. Hora, inteso la benignità et humanità di quella, di chè la fama risuona per totum orbem, per le presenti c'induce certiorare V. I. S. come, venendo noctis tempore, da Firenze, monsignor Lanza impugno, directo da nostri adversarii al capitano di ciptadello nova con alchune lettere, fralle quali era una per loro mandato da Vostra Illustrissima Signoria, et perchè quella aiutando noi farà cosa pia, justa et sancta, et laudabile apud Deum et homines, pertanto con quelli preghi et exortationi quali possiamo maggiori, exhoriamo et preghiamo V. I. S. si degni suscipere la nostra protectioni, et apud Xristianissimum Dominum nostrum Regem, tenerci del continuo recomendati, persuadendo ad sua christianissima Real Maestà, chè, la conservatione di Pisa in ello essere è, est ad quella non solamente utile, mà necessaria, per la degna et justa impresa del Regno di Napoli, perchè, essendo come è et non in mano de 'Fiorentini, se ne potrà servire, atteso quelli havere sempre machinato contra sua degna corona et più machinarebbono, sè conseguissono loro iniusto desiderio, quòd Deus avertat, perchè così sono soliti, et nos testes sumus qui fidem ipsorum comprobavimus. Bene vale. Die XX^{a} novembris 1496.

(Sceau.)

(Regio Archivio di stato in Pisa. — Comune. — Lettere degli Anziani nella seconda Libertà, registro 42 ac. 17to.)

[8] Le duc d'Orléans, plus tard Louis XII, était fils de Charles, duc d'Orléans, et de Marie de Clèves.

XLIII. Cote.

Lettre écrite dans le même sens à M. de Ligny. On le prie en outre d'écrire à M. d'Antraghes, capitaine de la citadelle, pour lui persuader de persister dans ses premiers desseins, et de résister plus que jamais aux instigations des Florentins et de leurs partisans à la cour du roi de France. Pise, le 25 novembre 1496.

Novembre 25, 1496. — Ad Monsignor di Ligni.

Li singulari beneficii collati per Vostra Illustrissima Signoria alla nostra Republica, et la benevolentia de quella ci porta del continuo, c'induce, in tucte le emergentie havere ad quella ricorso, come ad nostro protectore et singulare defensore, tenendo quella certiorata di tucte le occorentie. Hinc est, chè venendo noctis tempore, monsignor Lansia impugno da Firenze, directo da nostri adversarii al capitano di ciptadella, con alcune lettere, fralle quali, era una di V. I. S. et perchè, ogni nostra speransa consiste in V. I. S., dalla quale, tam affluenter, haviamo ricevuti tanti singulari beneficii et favori, chè in eternum, ad quella, ci rendiamo obligatissimi; nè possiamo pensare havere dato occasione ad quella di dovere noi abandonare. Il chè, se fusse, ne saremo più dolenti chè di cosa alcuna, perchè nostra natura non è, nè essere immemori, nè ingrati de' beneficii ricevuti, essendo chè non ce lo possiamo persuadere. Ignoranter peccavimus, paratissimi ad ogni emendatione, pregando humilmente V. I. S. vogli havere riguardo alla sincera fede et observantia, et noi non deserere, immò protegere et favorire la causa nostra pia, justa et sancta, chè apud Deum et homines ne riporterò [1] laude, gloria et comendatione, et apud Xristianissimum, Dominum nostrum regem, tenerci del continuo ricomendati. Et a nostri oratori, qui rem latiùs explicabunt, in dicendis fede prestare, auxilio, favore et consilio, chè ci fia dono et gratia singulare, accumulando questa, alli infiniti oblighi, quali haviamo con quella, que bene valeat. Et non sia molesto ad V. I. S., scrivere ad monsignore d'Antragues [2], nostro degno governatore, chè segua nel suo bono et sancto proposito, come ha facto per passato, et noi diligere et amare, et a lui recomendarci, et ad V. I. S. ne haveremo gratie immortale, et ad ipso, il quale veneriamo come uno sancto, et come Regio capitano et nostro conservatore.

(Regio Archivio di stato in Pisa. — Comune. — Lettere degli Anziani nella seconda Libertà, registro 42 ac. 18.)

[1] Pour *riporterà*.

[2] M. d'Entragues, « homme bien mal conditionné, dit Comines, serviteur du duc d'Orléans, et l'adressa au roi Monseigneur de Ligny. » D'Entragues, qui avait reçu et recevait de l'argent des Pisans, était en outre fort amoureux d'une

XLIV. Cote.

Extrait d'une lettre écrite par les Anciens de Pise à Don Tommaso dé' Betti, leur ambassadeur à Gênes. Dans cette lettre dont le texte est incomplet, les Anciens disent que M. de Ligny est plus pisan que jamais; le capitaine de la citadelle a reçu de France des lettres qui l'ont satisfait. Mariotto Lanfranchi est envoyé à Palerme, Piero Griffi à la Cour de France. On fait bonne garde contre les Florentins, mais on manque d'argent, que Tommaso Betti tâche de s'en procurer. Pise, le 2 décembre 1496.

1496, 2 décembre. — A Genova... D. Thome de Bectis, oratori nostro.

Omissis precedentibus.

La instantia del re non è tale quale dite. Monsignor di Ligni è più nostro chè fusse mai, e questo tenete in voi, comesi vede per più experientie et per relatione del nostro messer Jacopo di Vanni, noviter tornato oratore di Corte, relicto mortuo Marcobaldo come dallui arete inteso, chè intendiamo fù con voi et di tutto vi ragguaglò. . . . .

. . . .

. . . . alla venuta de nostri oratori Regii, per le lettere venute, s'è visto il capitano allegro, et item i compagnoni, a noi ha facto 1000 promissioni alle quali bisogna denari. Insistete se ne abbi, et presto, perchè non ci mancherà buon partito. Per conforto del capitano, s'è fatto stamani una solenne processione; hieri, ex publico, si fè l'onoranza di Marcobaldo; Mariotto Lanfranchi, lo mandiamo nostro oratore in Palermo, alla natione, per auxilio, et messer Piero Griffo al Re; per conforto del capitano, facciamo guardare li luoghi nostri, et li aversarii hanno mandato gente alle frontiere, etc., etc.

(Regio Archivio di stato in Pisa. — Comune. — Lettere degli Anziani nella seconda Libertà, registro 42 a. 22to.)

XLV. Cote.

Lettre des Anciens de la commune de Pise à un de leurs agents à Gênes, nommé Tommaso de' Betti. Il y est question d'un achat de munitions de guerre, et d'un emprunt de cinq mille ducats. Le gouvernement pisan y révèle les embarras de toute espèce dont il est accablé. Les différends entre le commandant de la citadelle et un certain Fracassa ont été

demoiselle pisane de la famille del Lante, que vraisemblablement il épousa plus tard. Il avait acquis, par mariage ou autrement, de grands biens dans l'État pisan. Guicciardini, t. I, p. 211, éd. cit.

apaisés à grand'peine : pourtant les relations sont bonnes. Un banquet a été donné dans le palais communal aux principaux de la garnison. Le commandant français a rendu la politesse, et plusieurs dames de la haute noblesse pisane ont pris part au bal qui a suivi le festin. Pise, le 14 décembre 1496.

1496, 14 décembre. — A Genova, à M. Tomaso.

Siamo a dì 9. et abbiamo riceuta una vostra de 3, apresso intendiamo la giunta de' nostri Oratori che ci piace, per loro vi scrivemmo; non havendo hauta, ci duole. Intendiamo li 18 ducati si son pagati : ci piace. Non siete in oblivione, ymmò in grande extimatione. Il mandare li novi Oratori, è per altrove chè costì ; la scusa facta per voi fù ben facta, et ve ne commendiamo. Del Grano si mandi à Messer Giovanni ; della qualità chiedete, non ce n'è.

Attenderemo a congregarne, et altra volta ve ne risponderemo. Li denari de' passatoi et de' sarnitri si manderanno al padrone del Brigantino, latore di decta ; si pagò quanto scrivete.

Siamo a di 14, et in questo punto, per fante a posta, abbiamo una vostra de 11, et intendiamo del mandato Regio al capitano per fare restituire la citadella a' Fiorentini ; ci dispiace il caso, ci piace lavercene voi dato notitia, benchè intendessimo lui dovere venire, non sapevammo da chè via, ora, intesa, si farà diligentiùs la provisione ; similiter il caso de' Svissari, non ci possiamo persuadere abbi a essere, pure si farà il possibile. Stateci attento, et avisate. La Giunta de' nostri a Milano ci piace, non esservi il duca, ci duole ; li mandammo fante a posta, sè da loro intenderemo cosa alcuna ve si ne darà aviso. Di quanto avete operato con li signori otto, vi commendiamo, della speranza avete de 5000 ducati ci sarà necessaria, presto la sollicitate quanto potete, et il più presto avisate quello potete fare. Del grano, passatoi et sarnitri, vi rispondiamo, ut suprà, et per havere pagati li soldati siamo exausti. In pochi dì manderemo li denari, o grano per la satisfactione de' passatoi et sarnitri, et simile la vostra provisione. Abbiate patientia, incolpandone limpotentia nostra, chè la disposizione nostra è optima verso di voi, et ve la dimostrerremo, per effecto, in breve ; chè speriamo di venire ad pinguiorem fortunam.

A Messer Francesco Lomellino, dite ex parte nostrà, faremo in tal modo chè Compagnone pagherà a Rafaello del signore, quello li è debitore, et Rafael non scrive perchè non è innella terra, et il fante ha frecta. Delle nave del Reame, et delle nave che non si armano, et delle gran cose dite hanno a succedere, pregheremo Ydio lassi seguire il meglo. Lo stare voi costì ci pare non solum utile, ymmò necessario, et de cetero, di denari et di avisi, non sarete più indigente. Al fante abbiamo pagato ducati III et 1/3, fù quì a hora debita ; più volte il capitano di citadella, superioribus, temporibus, ci ha facto intendere, con efficace parole et minatorie, chè, mandassimo via il signor Frachassa quod surdâ aure, hùc usque pertranseuntes, allegando ragioni et excusationi, sendo chè sabbato, a dì 12, essendo iti certi Frantiosi del capitano per havere strame, si abbatereno, o chè studiosè andassino a Asciano, al podere di decto signore per pagla, questo inteso, il signore vi mandò di suoe gente, et tandem venneno alle mani, et ne morì uno per parte; il chè inteso il Fracassa, armato, montò a cavallo et andò verso la Cittadella, et escì per le piaggie; li Frantiosi si ritrasseno. Il populo si armò, finaliter tornato dentro il Fracassa, per nostra opera et intèrventione, si pacificò la cosa, et d'accordo si posò l'arme, con promissione di obliviscere factum, et de cetero nil mali facere, innovare. Il capitano al tutto determina vada vià, perchè di lui non si fida. Non vuole uscir di Cittadella; dice sè, sene anderà, tutto dì verrà a far buona cera et banchetti in nella terra. Angustie sunt nobis undique. Capitaneo teneamur satis. Quod agere debeamus, ignoramus, vobis non pigeat scribere: del successo sarete avisato. Domenica, a dì 6, facemmo banchetto, videlicet pranso in palasso a X Franciosi de' principali di cittadella. Externa die, il capitano fè banchecto et pranso, andovi 4 de' Signori et altri nostri cittadini, et più donne da bene; fè si ballo, suoni et infiniti piaceri; sono segni di gran benevolentia, hinc indè Ydio lodato. Qui, è lettere di Siena delli XI che dicono per lettere di Roma di 8, chè essendo il Re Alfonso malato a Messina, sia morto. Siamo a ore 24 di decto di 14, et intendiamo il signor Fracassa vuole partire omninò domattina per Milano; con questa sarà una nostra a' nostri di Milano. Mandatela quanto più presto potete.

(Sceau.)

(Regio Archivio di stato in Pisa. — Comune. — Lettere degli Anziani di Pisa nella seconda Libertà, registro 42 ac. 25.)

XLVI. Cote.

Projet d'instructions données à Messire Piero Griffi, ambassadeur près la Cour de France par le Conseil des anciens et le Gonfalonier de justice de la commune de Pise. Pise, le 28 décembre 1496 (1).

28 décembre 1496.

Instructione et commissione data per li magnifici et excelsi signori, signori Antiani et Gonfalonieri di Giustitia del populo Pisano, al magnifico Equite et clarissimo Doctore M. Pietro Griffi, oratore pisano. In primis chè con ogni celerità si transferischi dinansi al nostro Xristianissimo signore, re di Francia, et a quello referischi infinita et immortali gratie delli immensi et singulari benefitii, concessi per sua Xristianis-

(1) Ce document est incomplet et effacé dans le texte, on le trouvera plus loin dans toute son intégrité.

sima regia Maestà alla Città di Pisa, et precipuè della consegnatione della nuova citadella con tutte le rocche et fortesse di quella. Item, raccommandarci grandemente alla sua Xª R. M. offerirci noi, et nostri posteri et descendenti in perpetuo, et universalmente tutto questo populo pisano, in veri, perpetui et fidelissimi subditi et vaxalli di sua Xᵐᵃ R. M. et voler vivere et morire, sotto lo Illustrissimo Vexillo, et felicissimo Imperio di sua Xᵐᵃ R. M., et essere prontissimi et paratissimi a' precepti di quella obtemperare.

Item, exorare, precibusque amplissimis suplicare, sua Xristianissima Real Maestà, si degni volerci ricevere et acceptare in nel numero de suoi dilecti subditi et Vaxalli, sotto la sua protectione.

Item, prestare ogni giuramento di fidelità, per ciò necessario, in nelle mani del prefato Xᵐᵒ S. R. o di chi quello connectessi, et di questo, per le presenti, quatenùs opus sit, ve ne concediamo pienissimo mandato, et similiter di quanto di sopra si dice.

Item, intimare et significare alla sua Xristianissima Real Maesta, li pacti, capitoli et conventione nuperrimè initi, facti, firmati et celebrati, de' quali portate copia sigillata di nostro sigillo, et scripta di mano del nostro Cancelliere, et pregare sua Xᵐᵃ R. M. si degni quelli confermare, aprobare et emologare.

(Sceau.)

(Regio Archivio di stato in Pisa. — Comune. — Lettere degl Anziani nella seconda Libertà, registro 42 ac. 30ᵗᵒ.)

XLVII. Cote.

Les Anciens de la commune de Pise rendent compte de ce qui se passe à leur ambassadeur à Rome. Les secours promis par les Vénitiens ont été retardés par le récit fort exagéré de l'affaire Lance au poingt. Le duc de Milan donne de belles paroles ; quant au roi de France, il ne veut plus entendre parler ni des Pisans, ni des Florentins, dont il a par-dessus la tête. Le commandant français est toujours favorable à la commune, moyennant une lettre de change de 12,000 ducats sur Lyon ou Avignon, il est disposé à rendre la forteresse aux Pisans, ou à la démolir. Il s'agit de se procurer cette somme, ou du moins les crédits qui la représentent. Le Conseil des Anciens compte pour cela sur ses agents à l'étranger, et espère que son ambassadeur à Rome s'y emploiera de son mieux. Un Français, nommé Louis, à l'instigation des Florentins, a machiné l'assassinat de M. d'Antraghes. La garnison française est de mieux en mieux disposée pour les Pisans, ce que prouvent de nombreux mariages entre les principaux chefs et les femmes du pays. Pise, 30 décembre 1496.

A Roma, 1496, 30 décembre.

Magnifice jurisconsulte et civis noster honorande, salutem et prosperos ad vota successus, per non havere vostre, brevibus, vi daremo notitia delle emergentie. Da' nostri di Vènezia, intendiamo quella Illustrissima Signoria, avea facto provisione di pagarci 200 cavalli leggeri et 600 provisionati per uno mese, et tale provisione essere retardata et refredata, per aviso auto da una secretario di decta Signoria, chè quì era venuto uno mandato regio per fare restituire la cittadella a' Fiorentini. Si è risposto chè un Francese, vocato Lancia in pugno, venne a Firenze, mandato con più lettere directe al capitano di cittadella, et venne alle mura di Pisa per essere col capitano, il quale ce ne diè notitia ; lo facemo piglare et examinato et inteso tutto, et prese le lettere che sono apud nos, lo facemmo assotiare fuori delle circostanxe, con precepto si tornasse in Corte, et così promisse, et di referire bene di noi, perchè da noi secretè fù honorato, et tutto per l'ordine del capitano, et tamen per nostre lettere ce ne scusammo con il re et altri cortigiani haveano scritto. Tale cosa, tanquam non dovea ritardare tale provisione, la quale potendo costì in alcun modo favorire ve ne preghiamo, con dare aviso. Messer Gherardo Bonconti, oratore a Milano, ci scrive il ducha era a Vigevano, et dà parole et lunghesse. Di nuovo vi s'è mandato Mariano da Peccioli et Michele Maschiani, et quali saran prima a Genova, et utrobique domandare aiuto, Messer Jacopo di Vanni tornò a dì 28 del presente dalla Maestà del Re, et dice chè il re infastidito da noi et dalli Fiorentini, non vuole glene sia parlato. La magior parte delli cortigiani son nostri fautori ; ha portate più lettere al capitano di cittadella in nostro favore, et havendo denari haremo la cittadella, et maudaremo Mariotti Lanfranchi, nostro oratore, in Palermo alla natione. Crediamo sarà lunga, et per conforto del loro capitano, abbiamo facto stamani una solenne procissione, et mandiamo M. Pietro Griffo alla Maestà del re. Facciamo guardare li, li luoghi nostri, et li adversarii hanno mandato gente alle frontiere. Ydio ci aiuti, nec alia, etc. Ex Pisis die xxx dicembris 1496.

Et sè de costì potessimo avere auxilio de' nostri, o da altri, ne fate ogni opera. Quì è nuova chè a dì 18 del presente, si publicò in Genova una excommunicatione, emanata a pontifice, contrà auxilium prestantes regi Franchorum contrà regem et regnum Neapolitanum, ad Romanam Ecclesiam pertinens, la quale dà terrore. Il re s'intende essere a Lione, et facto consiglio, ut inde debeant redire in Italiam, la determinatione non s'è intesa.

Il principe di Oringa, mediatore alla pace, essendo calumniato chè per pecunia avea persuaso quella al re, per timore di sè, è partito di là, insalutato hospite. Marcobaldo della Roccha, el quale con Messer Jacopo, andò oratore ad regem in Lione, obiit jeri, ex publico si li fè l'onoranza. Piero de' Medici con li Orsini, si intende essere intorno al ponte a Valliano, et li Fiorentini vi hanno mandato il duca di Urbino, con le sue gente ; credesi saranno alle mani. Messer Peretto, corso di verso Bologna, ha preso molte some d'artiglaria, et conductole in Furlì, di chè i Fiorentini ne sono mal contenti. Di Napoli, si intende chè Don Fedez, con 15 galee, è ito verso Gaeta, perchè una galeazza franceze v'è, che ha rotto l'arboro, dov'è uno homo di condictione, per haverla. E nostri adversarii disperati d'havere la cittadella dal capitano v'è dentro, tentano di farlo occidere, et a questi dì mandorono un Luisi, fransexe, a Luccha per corrompere con pecunia, altri caporali di decta cittadella, persuadendo loro tale occasione; preso da noi, confessò tale effecto, et non si trova di decti caporali alcuno abbi voluto nè malignare, nè assentire. Di chè il capitano n'è indignato grandemente contrà i Fiorentini, et a noi fa buona cera, et similiter i decti caporali, i quali contraheno matrimonio con donne pisane. Et havendo denari haremo la cittadella ; però, potendo essere serviti costì, o altrove, per vostro mezzo, di alcuna somma, ve ne preghiamo, quanto possiamo, perchè quì, pende nostra salute. Del decto kapitano siamo richiesti di ordinare una promissa, allione o Vignone, di ducati dodici milia, a uno suo cognato, chè sian pagati, consegnata ci harà la cittadella, o abatuta per terra; e però si manda il decto Messer Piero, potendo costì adaptarci decte promisse, di tutto o parte, ve ne preghiamo, con dare aviso a Messer Piero, alla corte et a noi del successo; e perchè ci è alchuni citadini che tengano occupati de' beni de' Fiorentini, a noi apartenenti, però vorremo optenesse monitorio et excommunicatione contra tales retinentes, et habentes bona comunis Pisarum, et cela mandate per lo primo, con dare aviso del gosto che vi si rimecterà, nec alia. Ex palatio nostro die xxx decembris 1496.

(Sceau.)

(Regio Archivio di stato in Pisa. — Comune. — Lettere degli Anziani nella seconda Libertà, registro 42 a 23.)

XLVIII. Cote.

Instructions données par les Anciens et le Gonfalonier de justice de la commune de Pise à l'ambassadeur[1] qui se rend à la cour du roi de France. Il devra remercier Sa Majesté très chrétienne de la remise faite aux Pisans de la citadelle avec toutes ses dépendances, le prier de laisser la cité sous le gouvernement populaire, et de la recevoir, elle et tout son peuple, sous sa toute-puissante autorité et protection. Il devra également recommander à la bienveillance royale M. d'Antraghes et ses compagnons, dont les bons et loyaux services ne seront jamais oubliés de tout ce qui porte un cœur pisan. Pise, le 5 janvier 1496 (en concordance avec le style vulgaire).

1496, 5 gennaio.

Antiani et Vexillifer Justitie civitatis pisarum.

[1] Cet ambassadeur était Piero Griffi, dont il a été souvent question.

Commissione et instructione data a' Voi clarissimo Equite et Doctore, M. Piero Griffo, oratore pisano, alla Xristianissima Regia Maestà.

In primis chè con ogni celerità personaliter si transferischi dinansi al nostro Xristianissimo Signore, re di Francia, et a quello referischi infinite et immortali gratie delli inmensi doni et singulari benefitii concessi per la sua Xristianissima Regia Maestà a noi, et universalmente a tutto il populo pisano, et precipuo della consegnatione della Nuova cittadella con tutte le sue rocche et fortesse, per quella et quelle demolire.

Item, racomandarci a sua Xristianissima Regia Maestà, con quelle efficace parole vi parrà, et mostrare con dextre et accomodate parole quanto sia a proposito di sua X^{ma} R. M. chè la città di Pisa si conservi in libertà et populare stato, et sotto lo Illustrissimo Vexillo et felicissimo imperio di sua X^{ma} R. M. et pregare sommamente quella si degni così fare.

Item, offerire noi et nostri posteri et descendenti in perpetuo, in veri, perpetui et fidelissimi subditi et Vaxalli di sua X^{ma} R. M., et vivere et morire sotto lo Illustrissimo Vexillo et felicissimo Inperio et protectione di quella.

Item, precibusque amplieximis, suplicare sua X^{ma} R. M. si degni volerci ricevere et acceptare in nel numero de' suoi dilecti subditi et Vaxalli, et sotto la sua degna protectione.

Item, prestare ogni giuramento di fidelità per ciò necessario et opportuno in nelle mani del prefato X^{mo} S. R. o di chi quello comectessi, et di questo per le presenti, quatenùs opus sit, ve ne diamo pienissimo mandato, et similiter di quanto si contiene in nella presente conmissione.

Item, extimare et significare alla sua X. R. M. li pacti, capitoli et conventioni nuperrimè initi, facti, fermati et celebrati, de' quali portate copia sigillata de nostro sigillo, et soscripta di mano del nostro Canciglieri, et pregare sua X. R. M. si degni quelli confermare et approbare con pigliare fede di tale confermatione.

Item, laudare et extollere il Magnifico et Illustre Monsignore di Antraghes, luogotenente regio et nostro Governatore per sua X^{ma} R. M. et li suoi Compagni, et narrare li degni, laudabili et morigerati portament anno facto, et lui, et loro, et noi racomandare al prefato Xristianissimo Signor Re, et alli suoi incliti astanti et cortigiani, nostri protectori et bene factori.

Et circa delle predicte cose et altre concernenti l'utile, honore et comodo, favore, auxilio della republica pisana, et del prefato Monsignore di Antraghes et suoi compagni, usare la vostra solita diligentia et sollicitudine con dare aviso spesso di tucte le emergentie, usando, quatenus opus sit, la Cifara ne portate. Ex palatio nostro, die V° januarii 1496 (partì a dì 6 dicto).

(Regio Archivio di stato in Pisa. — Comune. — Lettere degli Anziani nella seconda Libertà, registro 42 a. 31. — Collazionata, concorda, salvo, etc.)

XLIX. Cote.

Les Anciens de la Commune de Pise expriment à Piero Griffi, leur ambassadeur, l'étonnement dont ils ont été saisis en apprenant qu'il s'était arrêté à Milan, contrairement à ses instructions. Qu'il continue donc sa route le plus promptement possible. Par lettres de France, on a appris la mort du Dauphin. Il semble convenable que l'ambassadeur de Pise, vêtu de deuil, présente au Roi de France, au nom de la Commune, les compliments d'usage en ces tristes circonstances. Pise, le 28 janvier 1496 (en concordance avec le style vulgaire).

28 gennaio 1496. — A Messer Piero Griffo.

Magnifice eques et orator, salutem. Per una vostra de 14 in Milano, intendiamo la giunta vostra ibi, et il soprastare, che ci ha dato admiratione et dispiacere, cò maximè vi si disse, andasse al viagio vostro con celerità, et non tocchare a Milano; non è bene escire di commissione. Attendiamo l'aviso vostro da Lione del redito del Re in Italia, come scrivete. Di denari siamo exausti, et però a Giustiniano provedete per altra via. Nec alia etc. die XXII januarii. Siamo a dì 28, et abbiamo lettere del primo di questo di Messer B. per le quali ci significha la morte del Delfino[1], et chè li parrebbe chè voi, vestito a negro, nostro nomine, ve ne condolesse con la Maestà del Re. Siete savio, et in sul facto, parendovi, lo fate, usando quelli termini et modi vi parranno oporluni. Li nostri statichi erano a pietra santa, tornorono in sino a dì 26 del presente.

Tenuta insino a dì 6 di ferraio, per non havere anco prima per chi mandarla, et per non havere vostra, chè ne siamo admirati; si occorre pocho a dire, salvo chè del continuo, ci raccomandate alla Maestà del Re, et date aviso spesso delle cose emergenti di costà, usando là cifera in nelle cose importanti.

(Regio Archivio di stato in Pisa. — Comune. — Lettere degli Anziani nella seconda Libertà, registro 41 ac 37to.)

L. Cote.

Extrait d'une lettre des Anciens de Pise à leurs ambassadeurs à Milan, où ils les chargent de demander au Duc la permission de faire citoyens

[1] Il se nommait Charles Orland et était âgé de trois ans. « Ledit Dauphin, dit Comines, avoit environ trois ans, bel enfant et audacieux en parole, et ne craignoit point les choses que les autres enfants ont accoutumé de craindre, et vous dis que pour ces raisons, le père en passa aisément son deuil, ayant déjà doute que tost cet enfant ne fust grand, et que continuant ses conditions, il ne lui diminuast l'autorité et puissance. »

pisans Antonio Bartholomei et ses descendants. Cette faveur est sollicitée par M. d'Antragues, envers qui ils ont de si grandes obligations. Le même M. d'Antragues voudrait un sauf-conduit pour se rendre à Pise, ils devront également faire en sorte de l'obtenir, ou dans le cas d'un refus, leur en faire savoir les raisons. Pise, 30 juin 1497.

30 giugno 1497. — A Milano. Magnificis oratoribus pisanis, dominis Gerardo de Boncontibus, canonico, et Johanni Bernardino Agnello, Equiti, dilectissimis nostris. Mediolani.

Omissis præcedentibus.

Monsieur de Antraghes, al quale abbiamo infiniti oblighi, come sapete, ci domanda più chose, et inter cetera, chè si facci citadino Antonio Bartolomei, anticho pisano et moderno Lucchese, et Francesco suo figlolo et loro descendenti, al quale pare abbi venduto il podere di Pugnano, fù de' Neretti, et promissoli lo farebbe fare citadino pisano. Ne consultammo con li Oratori ducali ne son qui; ci disseno volerne scrivere alla Excellentia del Signore [Duca], et scripsenli in forma chè sua Excellentia rispose chè non li parea, pure chè si rimettea à noi, et noi parrebbe tamen il suo parere ci è legie, et meritamente ha precedere et prevalere il nostro, tamen, atteso decto Antonio essere per origine pisano, et li obrighi abbiamo con Antraghes, et chè questo che vende è una minima parte de' beni ha in nel nostro territorio, et chè per questo non si pò dire raccogli le sarcine per andarsene, chè per quello vegiamo hà electo Pisa per sua patria, et veduto non possiamo satisfare à l'altre suoe giuste domande, chè è pagare quelli di Librafacta et l'altre gente secondo siamo tenuti per li capituli, darli le galee et li passavolanti chè apartengono allui, ci parrebbe doverli compiacere di questa civilità, che è cosi minima, et nulla ci nuoce per observare sua promessa, et ce ne ha scritto infinitissime lettere; però, vorremo destramente vedesse d'impetrare licensia da sua Excellensia, potessimo fare tal civilità, usando quelli termini vi parranno convenienti et opportuni a fare chè tale effecto segua.

Preterea il prefato Monsieur Antraghes desiderebbe stare in Pisa con salvoconducto del Signor Duca; però vorremo in primis intendesse la dispositione del Signor Duca verso di lui, et quella intesa, facesse intendere al Signore il desiderio di Antraghes che è nostro per li benefitii; ci porria resultare per la stanza sua qui, perchè ci assicuraremo di Librafacta, et finalmente quella e ogni altra sua sustansia perverrebbe in noi, et non incorreremmo il vitio di ingratitudine, et parendovi, domandate et vedete di optenere salvo conducto dal Signore, per decto Antraghes in buona forma, et ce lo mandate per le primo, et sè no, ci date aviso del perchè.

(Regio Archivio di stato in Pisa. — Comune. — Lettere degli Anzian nella seconda Libertà, registro 42 ac. 72.)

LI. Cote.

Extrait d'une copie de nouvelles tirées des lettres des ambassadeurs pisans. Le roi est à Tours, où il s'adonne aux plaisirs. Il dit qu'il veut descendre en Italie, mais on ne voit aucun préparatif. Pise, le 25 août 1497.

Die xxv agusti 1497. — Copia di nuove per lettere delli Oratori.

Omissis precedentibus.

Per le ultime di Lione, s'intende chè la Maestà del re di Francia si stava a Torsi affare bona cera. Dice pure et minaccia di venire in Italia, ma non se ne vede apparecchii, adeò chè non si crede. Di quà da' monti, non passa anima nata, excepto le 300 lancie che più tempo fà, venneno in Asti per guardia di quelli confini, dove non ha la Maestà de Re poco sospecto etc...

(Regio Archivio di stato in Pisa. — Comune. — Lettere degli Anziani nella seconda Libertà, registro 42 ac 133.)

LII. Cote.

Les Anciens de Pise, dans une lettre adressée à Messire Giovanni, leur agent à Venise, annoncent que M. d'Antragues, ayant obtenu sauf-conduit, est arrivé à Pise, où il démontre par ses actes qu'il veut vivre en bon citoyen pisan. Pise, le 28 septembre 1497.

28 settembre 1497. — A Messer Giovanni a Venezia.

Omissis precedentibus.

Ieri andò in Campo lo Inlustro Monsignore d'Andragues a desinare colli Magnifici Signori proveditorii e speramo si sarà fatto qualchè apuntamento di darli condutta, e per aventura li resterà molta gente di quella auta, Messer Lucio et maximè certi homini d'arme fransesi, o li nostri da Pisa, oltre li quali non li rimane diece homini d'arme.

Per altre ve haviamo scripto quanto è successo di Librafacta, però, per questa non replicaremo. Monsignor d'Andraghues se n'è venuto a stare a Pisa, e vuole essare buon citadino, in modo non ci aviamo più dubio alcuno ; et crediamo chè, fatta una certa sigurtà, chè a avenire di costi, haremo libera impossa nostra, Librafatta, chè addio piaccia. Alia non occurrunt, Bene Valete die xxx septembris, hora prima diey.

(Regio Archivio di stato in Pisa. — Comune. — Lettere degli Anziani della seconda Libertà, registro 42 ac 138.)

LIII. Cote.

Les Anciens de la République de Pise, informés des vertus et de la faveur dont le chevalier pisan Jacopo Vernagallo jouit à la Cour d'Espagne, le nomment leur ambassadeur auprès du roi d'Aragon et de la reine de Castille, à l'effet de déposer à leurs pieds les hommages et les remerciements de la commune de Pise. Il tâchera d'obtenir de Leurs Majestés, qui ont pour cela tout pouvoir, en leur qualité de chefs suprêmes de la Ligue italienne, des lettres de recommandation spéciales pour les seigneurs confédérés, et quand il les aura obtenues, il devra les expédier à Pise, directement et sans délai. Il sollicitera également l'autorisation d'exporter de la Sicile une quantité considérable de froment, les semailles ayant été de peu d'importance dans le district de Pise, à cause des hostilités. La lettre finit par l'énumération des secours envoyés à la République pisane par Venise et les autres puissances d'Italie. Pise, le 10 février 1497 (en concordance avec le style vulgaire).

10 febbraio 1497. — Ad Messer Francesco Vernagallo in Barsalona.

Magnifice ac Nobilis Eques, civis noster carissime, salutem.

Havendo noi ad mandare alli piedi della Maestà de' Serenissimi Re et Regina di Spagna, nostro oratore, per la servitù quale teniamo chon quella, confisi plurimùm di vostra prudentia, sagacità et virtù, et non meno della bona introduttione che intendiamo per le sue Virtù, havere Vostra Magnificentia in quella Corte, et quanto è amata dalla Maestà prefata, haviamo preso tal sigurtà di Voi, facendovi partecipe delli honori et carichi della comune patria, per la quale cosa confortiamo la M. V. vogli assummere questa provincia, et transferirsi alli piedi della Maestà Regia prefata, et doppo la exibitione delle lettere credentiali nostre, quale saranno chon queste, li narrerete la servitù nostra in sua Maestà, cholla fede et speranza chè da poi chè Idio ne consesse gratia della libertà, haviamo continuo havuta in epsa et haviamo, sì come Capo della Sanctissima Liga, in protectione della quale ci troviamo, si etiam come Xristianissimo principe, et per innata bontà et clementia affectionato alli casi nostri, come per experientia di molti benefitii ricevuti da quella conosciamo. Di poi ci ricomenderete in gratia di Loro Maestà, narrandoli chè tutta nostra fede è posta in quella, sotto l'ombra et protettione della quale non possiamo altro chè quietare. Di poi, supplicherete alloro Maestà si degnino quando scrivono alli serenissimi principi Confederati d'Italia, cioè alla santità di Nostro Signore, alla Maestà del Signore Re di Napoli, alla Illustrissima Signoria di Venetia et alla Excellentia del Signor Duca di Milano, ricomendarci in gratia bona di quelli, per chè siamo certissimi le lettere di Loro Maestà haverci molto a giovare; le quali lettere, quandò possiate haverle spetiale, di chè farete forza, ce le indirisserete quà, ad noi, perchè ci sarà gratia per li nostri oratori, preterea perchè, nel territorio nostro haviamo fatto pichola sementa, adeò chè in lo anno futuro credamo havere ad bisognare di frumenti, farete forza impetrare da Loro Maestà, la tratta di trentacinque in quaranta mila salme di formenti di Sicilia per lo anno futuro, et ditta tratta obtenuto, ce ne mandate copia in publica forma, ad ciò possiamo servircene al tempo, per non havere a patire detrimento di pane.

Ringratierete insuper la Maestà prefata delli innumeri benefitii ricevuti da quella, doppo la recuperata libertà nostra, chon offerirli lo stato nostro, et ciò che possiamo, ricomendandoci sempre in bona gratia di quella, le quali tutte chose farete con quella diligentia, prudentia et più achomodate parole che saperete et poterete, dandone adviso del successo. Et noi di tutto quello spenderete, vi faremo quà chreditare a' libri del comune nostro, et chon tempo, o in gabelle, o in altro chonto, vi satisfaremo. Crediamo piglerete volentieri questa fatica per satisfare al debito della patria, la quale è per aumentare in felicità, et Idio così ne conceda gratia. Di quà, da poi fù la libertà nostra, da diversi lochi, credamo harete intesi li progressi, maximè quelli che sono successi da bon tempo indrieto, però, non ne pare necessario il replicare; solo delle più importante, cioè, come per la bontà et clementia della sanctissima Lega, ce ha presi in protessione, et continuamente ci mandano li auxilii oportuni, come indicamo a proposito et expediente alla salute nostra, et al presente li Venetiani ce hanno Messer Aniballe Bentivogli chon 200 homini d'arme et Misser Giovan Paulo Manfroni chon cento homi d'arme, et molti altri chonduttieri che fra tutti, hanno altri et cento homini d'arme, et ecci circa 400 stradiotti, tra Greci et Albanesi, fanti c'è qualchè 1000; è ben voce chè al presente per la penuria de' fieni, li quali per incurzione de' inimici, la state passata, non si possenno segare, una gran parte delli homini d'arme del Bentivogli, si sono iti ad svernare ad Bologna, chon ordine di tornare a tempo buono, benchè c'è promisso etiam et così, speramo fare provisione gaglarde, et di natura chè fia più facile fare stare il nimico sopra li sui chonfini, chè quelli ci dia nelli nostri danno, o occupi le cose nostre come occupa al presente. Tutte queste cose recognosciamo dalla Maestà dè Xristianissimi Re et Regina prefati, Come Capi della Sanctissima Lega, et così gle ne haviamo obligo, et speramo, mediante la bona dispositione di quelli verso le cose nostre, in breve doverne riposare. Chè così a Dio piaccia. Alia non occurrunt. Ex palatio nostro, die X^{a} februarii 1497.

(Regio Archivio di stato in Pisa. — Comune. — Lettere degli Anziani della seconda Libertà, registro 42 ac 178to.)

LIV. Cote.

Lettres de créance de l'ambassadeur pisan Jacopo Vernagallo auprès de leurs Majestés Catholiques le roi d'Aragon et la reine de Castille, chefs suprêmes de la sainte Ligue d'Italie. Pise, le 10 février 1497 (en concordance avec le style vulgaire).

10 febbraio 1497.

Charissima Regia Majestas.

Humili commendatione premissa, referet Majestati Vestre, nostro nomine, nonnulla, Magnificus eques, Jacobus Vernagallus, ipsam supplices exoramus, ut eidem Jacobo credat, ac si ipsi coram loqueremur, cui nos humillimè commendamus. Ex palatio nostro die xa februarii MCCCLXXXXVII.

E. V. Christianissime Majestatis.

Devoti servi : ANTIANI ET VEXILLIFER JUSTITIE POPULI ET COMMUNIS PISARUM.

(Regio Archivio di stato in Pisa. — Comune. — Lettere delli Anziani della seconda Libertà, registro 42 ac 180.)

LV. Cote.

Extrait d'une lettre des Anciens de Pise à Tommaso Betto, leur ambassadeur, où ils lui annoncent que, grâce aux rois d'Espagne, il seront compris dans le traité qui se prépare entre les dits souverains et le roi de France. Ils envoient en Espagne Matteo Favulia pour remercier leurs Majestés d'une pareille faveur. Si la Seigneurie de Gênes voulait envoyer quelques secours à la Commune de Pise, elle en serait reconnaissante. Tommaso Betto est chargé de le faire entendre à qui de droit. Il donnera connaissance du résultat de cette démarche. Pise, 23 mai 1498.

23 maggio 1498. — Ad oratorem nostrum dominum Thomam Bettum Janue.

Omissis precedentibus.

Lo insulto facto da' Franzesi a Salicelo ci dispiace assai, Iddio proveda al meglio. Noi, pro posse, attenderemo alla salvatione nostra, non mancando in cosa a noi possibile : preterea, havendoci per loro gratia, li serenissimi regii hyspani, nominati per aderenti in le indutie facte fra loro Maestà et lo Christianissimo Re di Franza, et atteso voi più volte haverci scripto chè lo Oratore spano che era costì, vi confortava mandassimo alloro Maestà nostri oratori, ad recomendarne noi et le cose nostre, ci è parso eleggere lo spectabile ser Mattheo Favulia in oratore ad loro Maestà, per riferire a quelle gratia immortale della dicta nominatione, et indè recomendarli noi et le cose nostre, ci è parso eleggere lo spectabile ser Matheo Favulia in oratore ad Loro Maestà per riferire a quelle della dicta nominatione, et indè recomendarli noi et le cose nostre et partirà di qui fra pochi giorni, et per adventura tocchera costì. Quando cotesti Illustri Signori ce volesseno per loro gratia, dare qualchè ricordo bono, ne faremo quello conto et capituli chè di optimi padri. Però lo farete loro intendere, et ce darete adviso di loro risposta, et con celerità, ad causa chè quando decto ser Matheo non tocchasse costì, o per li temporali, o per non perdere camino, o per qualsivoglia altra causa, se li possi per noi tali ricordi commettere. Le indutie et tregue, per noi et nostri nimici, si sono preservate fiu a quì inlese, nè siamo per violarle, sè non c'è ne data causa impulsiva. Stiamo bene con gli occhi aperti, perchè non ci fidiamo molto, et haviamo fatto provisione, chè li ciptadini che haveano la peste tornino drento per guardia della ciptà.

(Sceau.)

(Regio Archivio di stato in Pisa. — Comune. — Lettere degli Anziani della seconda Libertà, registro 42 ac 201.)

LVI. Cote.

Extrait d'une lettre écrite par les Anciens de Pise à Niccholaio de Vivaia, leur consul à Palerme, où ils racontent qu'après la prise de Colle Salvetti, aucun fait saillant ne s'est passé sur leur territoire. Le roi de France ayant demandé une avance de cent vingt mille ducats sur les quatre cent mille qui lui avaient été promis par les Florentins, les ambassadeurs de cette commune ont refusé de donner un sou avant le passage des Alpes par une armée française. De quoi le roi s'étant montré fort courroucé, lesdits ambassadeurs se sont enfuis jusqu'à Milan, où ils se répandent en plaintes contre Charles VIII et la Cour de France. Pise, le 15 décembre 1498.

15 décembre 1498. — A Niccholaio de Vivaia, nostro consule, in Palermo.

Omissis precedentibus.

Quì, poi chè li inimici, doppo lo spirare della tregua, preseno il Colle Salvetti, come già per altre vi scrivemo, et se ritolse loro la nocte medesima, non ci s'è innovato altro, sè non qualchè scorreria et preda fatta più tosto per noi chè per loro, et così le cose vanno molto chete, nè si intende li maneggi di questi potentati ; vero è chè essendo stato lo Illustrissimo signor Duca di Ferrara a Venetia, si stima si sia trattato qualchè buono manegio d'acordo, et lo oratore nostro di Venitià, ci scrive la Serenità del principe haverli detto, impochi dì intendere cosa chè voi et tutta l'Italia ne sarete contenti, si chè stiamo in buona speransa che le cose nostre habino buon termine, chè a Dio piacci.

Di nuovo ci è la morte del Duca di Savoia, e'l figlo havere preso il Ducato, et essere conforme alla volontà della Lega. Item, in Francia, non essere alcuna preparazione per passare in Italia.

Item, chè essendo appresso la Maestà del Re di Francia, li Oratori Fiorentini, sua Maestà li domandò li facesseno pagare ducati centovinti mila della somma de 400 mila che li haveano promissi, se passava con lo exercito suo in Italia, et loro rispuoseno chè non ne paghavano un quattrino sè prima sua Maestà colle gente non passavano innanti; della qual cosa, sdegnata sua Maestà, mandò commissione a Monsignore de Aubigni che era per andare in Provensa, si toglesse dalla impresa, et li oratori prefati, vedendo sua Maestà disdegnato, si partinno a rotta, et venuti a Milano, si dolseno grandemente di sua Maestà et della Corte con quello Illustrissimo Signor Duca, etc.

(Sceau.)

(Regio Archivio di stato in Pisa. — Comune. — Lettere degli Anziani della seconda Libertà, registro 42 ac 223.)

LVII. Cote.

Extrait d'une lettre des Anciens de Pise à Benedetto Buonvisi, leur ambassadeur à Lucques, où ils l'engagent à leur chercher de l'argent dont ils ont grand besoin. Il devra également s'informer de ce qu'il y a de vrai dans le bruit de la prochaine arrivée à Livourne d'une flotte française partie de la Provence, et commandée par M. d'Aubigny. Pise, le 13 janvier 1498. (En concordance avec le style vulgaire.)

13 gennaio 1498. — A Benedetto Buonvisi a Luccha.

Omissis precedentibus.

Per le ultime nostre vi scrivemo a pieno quanto occorreva, pocho ci schade replicare per non esserci altro di novo, solo vi confortiamo a sollecitare le cose nostre, perchè la inopia in denari ne trovamo, chè voi lo sapete, non si può più tollerare. Haviamo oggi ricevuto due vostre, l'una del primo, l'altra del quatro del presente. Apresso risposta circha la prima dove dite del signore di Ubigni essere tornato in Provensa per armare et venire a Livorno, vedrete di intenderlo chiaramente, et supplicate a cotesta Illustre Signoria di rimedio in quella tucto conoscete, et similmente quandò si tractasse tregua fra lo Serenissimo Re di Spagna e'l Xristianissimo Re di Francia, col tempo assegniato a' signori Confederati dell' entrare in decta tregua, et cotesta Illustre Signoria proveda chè interim rihaviamo le cose nostre, a ciò non ne advengha come l'anno passato, perchè sarebbe impossibile vivessimo senza il nostro paese.

(Regio Archivio di stato in Pisa. — Comune. — Lettere degli Anziani in Pisa nella seconda Libertà, registro 42 ac 237to.)

LVIII. Cote.

Les Anciens de Pise écrivent à messire Giovanni qu'il va être remplacé à Venise par Andrea Lanfreducci et Luca Dellante auxquels il laissera son secrétaire et la clef du chiffre. Le bruit court d'une trève entre la France et l'Espagne, mais l'on ne sait pas si les seigneurs confédérés y seront compris. L'empereur Maximilien s'est retiré de la Ligue. On s'étonne de n'avoir pas reçu ces nouvelles de messire Giovanni lui-même. Pise, le 8 février 1498 (en concordance avec le style vulgaire).

8 febbraio 1498. — A Messer Giovanni a Venetia.

Stamani sono partiti di quì li Nobili Andrea Lanfreducci et Luca Dellante, nostri oratori per costì, et giunti chè saranno, potrete venire a vostro piacere ; vogliamo li lassiate ser Jacopo et la Cifara. Da Genova haviamo nuove essere facta tregua, fra li serenissimi regi di Francia et di Spagna perpetua, nè s'intende sè vi sono compresi li confederati. Item, chè il serenissimo Imperatore si separe dalla Sanctissima Lega, per non volere più essere obligato a nessuno. Ben si crede cotesta Illustre Signoria et la Excellentia del Duca li pagheranno quello li paghava tutta la legha. Meravigliamoci quando queste cose siano, non ce ne diate adviso etc., die viij februarii 1498.

(Regio Archivio di stato in Pisa. — Comune. — Lettere degli Anziani della seconda Libertà, registro 42 ac 251.)

LIX. Cote.

On apprend aux ambassadeurs pisans à Venise que le roi de France est mort et que le duc d'Orléans lui succède. Piero de' Medici est également décédé à Bolsena, et l'empereur Maximilien s'est cassé la jambe. Pise, le 17 avril 1499.

17 aprile 1499. — A Venetia, alli nostri oratori.

Omissis precedentibus

Quì è nuova il re di Francia essere morto, et creato nuovo Re il duca d'Orliense. Item chè a Bolsena à stato morto Piero de' Medici, et chè l'Imperadore se ha rotto une gamba, de le quale cose ne dovete a quest'ora etiam havere notitia di costà. — Die XVII aprilis 1499.

(Sceau.)

(Regio Archivio di stato in Pisa. — Comune. — Lettere degli Anziani della seconda Libertà, registro 42 ac 282.)

LX. Cote.

La mort de Charles VIII a paru, aux Anciens de Pise, une excellente nouvelle quand ils l'ont apprise, mais elle leur semble bien meilleure encore maintenant qu'ils savent que la seigneurie de Venise s'en réjouit elle aussi, pour certains motifs bien connus des ambassadeurs. Pise, 24 avril 1499.

Die xxiiij aprilis 1499. — Alli oratori nostri a Venetia.

Omissis precedentibus

La morte del Re di Francia ci parve buona nuova, quando la n'tendemmo, hora ci pare optimo, poi chè cotesta signoria se ne ralegra per li rispecti che intendete.

(Sceau.)

(Regio Archivio di stato in Pisa. — Comune. — Lettere degli Anziani della seconda Libertà, registro 42 ac 285.)

LXI. Cote.

Les Anciens de la Commune de Pise éxpriment de nouveau toute leur reconnaissance à M. d'Antragues et le prient, pour tout ce dont il peut avoir besoin, de se servir d'eux comme de lui-même. On espère son prochain retour à Pise, où il est vu aussi volontiers qu'un père voit un bon fils. On le prie de recommander les Anciens et la Commune de Pise au nouveau roi de France, l'assurant qu'ils sont en tout et pour tout ses fidèles et dévoués serviteurs. Pise, le 30 avril 1499.

Die 30 aprilis 1499. — A Monsignor d'Antagures a Venetia.

Benchè altre volte offerto a Vostra signoria tutto quello possiamo, non ci rincresce continuo offerirli la opera nostra in ogni sua occorentia, certificandola chè non altrimenti se ne puó valere che di suo proprio, et da sui procuratori di quà, intenderà quanto francamente prestiamo ogni favore nelle sue faccende, che quà per epsi procuratori si tractano, et cosi faremo continuamente, perchè lo ricercha il debito nostro per li beneficii riceuti da V. S., et per esserci quella di pari affectione coniuncta. Desideramo ulteriùs il redito suo in questa patria, la quale havendo salvato, lo vede tanto volentieri quanto il suo padre ogni buon figlo, et cosi gliele preghiamo, et similmente quando scrive alla Maestà del Xristianissimo re nuovamente creato, si degni recomandarci alli piedi et in buona gratia di quella, della quale siamo fiidelissimi servitori, et cosi ce li offerite, chè siamo certi le racomandationi di V. S. apresso sua Celsitudine vale assai per lo amore che quella ha sempre portato. Resta solo chè à V. S. iterùm ci offeramo et recomendamo.

(Regio Archivio di stato in Pisa. — Comune. — Lettere degli Anziani della seconda Libertà, registro 42 c, 286t.)

Angers, imp. Burdin et Cie, rue Garnier, 4.